Tina Turner

von

Katja Röcker

V.I.P.

Dieser Band erscheint in der Reihe V.I.P. music
V.I.P. ist ein Imprint der Paul Zsolnay Verlag Ges.m.b.H., Wien

Originalausgabe

Dokumentation: Ralph Päckers,Volker Fuchs/Tina Turner Syndicate,
Martina Baganz/Tina-Turner-Fan-Club

Textbearbeitung: Petra Raszkowski
Titelgestaltung: VPM, Rastatt
Innenlayout und Produktion: Seibold Medien, Winnenden
Druck und Bindung: VPM, Rastatt

Printed in Germany 1993
ISBN 3-552-05083-3

Titelfoto: André Csillag/Relay Photos

Bildquellen Innenteil:
Antony Reuben/ LFI – S.74; Neal Preston/ LFI – S. 49, 50, 67;
Emerson/ LFI – S. 48; E. Tordoir/ LFI – S. 60; Phil Loftus/ LFI – S. 66;
Paul Cox/ LFI – S. 3, 28, 44/45, 46, 56, 58, 61, 75, 80;
Peter Ashworth/ LFI – S. 54, 69; David Koppel/ LFI – S. 51;
LFI – S. 12/13, 25, 35, 41, 70;
Dave Wainwright/ Relay – S. 5; Chris Walter/ Relay – S. 8, 9, 16, 23 (2), 47;
Lynn McAfee/ Relay – S. 15 (rechts); André Csillag/ Relay – S. 29, 38;
A. Byrne/ Relay – S. 33 (links);
Relay – S. 6, 7, 15 (links), 17, 18, 19, 22, 32 (2), 33 (rechts), 36, 42, 45 (oben);
Michael Putland/ Retna – S. 4, 10/11, 20/21, 28/29, 30, 39, 43, 45 (unten), 57, 72, 73;
Photofest/ Retna – S. 24, 31, 32 (links); Walter McBride/ Retna – S. 26;
Rob Verhorst/ Retna – S. 33 (unten); Heiner Scott/ Retna – S. 34;
David Corio/ Retna – S. 40; David McGough/ Retna – S. 47 (unten);
Ross Marino/ Retna – S. 64/65; Audio Leimann/ Retna – S. 55;
Kees Tabak/ Retna – S. 59; Gary Gershoff/ Retna – S. 62;
Larry Busacca/ Retna – S. 45 (Mitte); Phil Loftus/ Retna – S. 63;
John Bellissimo/ Retna – S. 53;
Ross Marino/ NA Pictures – S. 52; Harry Langdon/ Idols – S. 15;
André Csillag – S. 37 (alle Photo Selection).

Inhalt

Es gibt sie noch! Die glitzernden Minikleidchen und hochhackigen Schuhe. Die wuschelige Perücke, die sexsprühende Show und die rockig-eingängigen Hits. Ja, es gibt sie noch – Tina Turner. Nichts scheint sich geändert zu haben, als TT, wie die Rock-Diva in Künstlerkreisen genannt wird, 1984 plötzlich wieder aus der Versenkung auftaucht. Tatsächlich hat sich etwas geändert: Tina. Sie hat gut zugeschaut, wenn ihr Ex-Ehemann Ike während der 70er Jahre seine Shows arrangierte, aber sie hat sich von dessen despotischer, kokaingeschädigter Macho-Mentalität befreit und ist jetzt endlich sie selbst.

Das Comeback der Tina Turner hatte nichts Abgeschmacktes. Die Leute sagten nicht: „Ach schau mal, die ältere Dame versucht noch mal ihr Glück." Nein, Millionen jubelten der neuen, selbstbewußten Tina zu. Millionen Frauen identifizierten sich mit ihr, Millionen Männer lagen ihr zu Füßen. Tina, inzwischen Mitte vierzig, sah jünger aus als zu Ikes Zeiten. Tinas Stimme war kräftiger, lauter, selbstbewußter. Tinas Musik traf den Nerv der 80er Jahre. Tina wurde von den Popzeitschriften als Retterin des ehrlichen Rock gepriesen. Tina wurde von Frauenzeitschriften zur Frau der 80er Jahre hochstilisiert. Tina fand sogar in Wirtschaftsmagazinen und Hochglanzblättern Beachtung. Tina gab jedem bereitwillig Interviews. Tina war freundlich, bescheiden, nett. Tina, Tina, Tina – die Medien überschlugen sich beinahe vor Eifer, über das Energiebündel zu berichten. Gott und die Welt zogen den Hut vor dieser Frau, die es geschafft hatte, in diesem schnellebigen und korrupten Musikgeschäft sie selbst zu sein. Tina war der geborene Medien-Star. Das Ergebnis: Ihre Tourneen waren plötzlich wieder ausverkauft. Und wie! Vorbei die Zeiten, in denen TT in rauchigen Clubs vor 100 Leuten auftreten mußte. Ihre Tournee 1984 war der absolute Hit. Die Veranstalter reagierten zwar

schnell und buchten in manchen Städten bis zu fünf Zusatzkonzerte, doch trotzdem gingen einige Fans leer aus. Tina Turner füllte die Münchner Olympiahalle sechsmal innerhalb weniger Tage. Das Züricher Hallenstadion konnte sie in einer Woche fünfmal ausverkaufen. Nach dem Album-Erfolg *Foreign Affair* konnte man schließlich als Sponsor Pepsi-Cola mit einem Etat von 34,5 Millionen Mark gewinnen. Eine Summe, bei der Pepsi-Lieblingsstar Michael Jackson vor Neid erblaßt wäre.

Doch dann, nach 30 Bühnenjahren, verkündet Rock-Vulkan Tina Turner 1990, inzwischen 50 Jahre alt, sie wolle sich endgültig zurückziehen und sich nur noch auf Plattenproduktionen im Studio beschränken. Das nächste Album erscheint 1993. Ob Tina Turner allerdings je wirklich ganz auf Konzerte verzichten kann, ist fraglich, denn schließlich sind ihre wild-energiegeladenen, natürlich-erotischen Live-Auftritte wichtigster Bestandteil ihres grandiosen Erfolgs. Die Turner sorgt für Stimmung, wo immer das Temperamentsbündel auftaucht. Die gute Laune und Energie scheinen ihr nie auszugehen. Sie hat es gelernt, sich nur von der Sonnenseite zu zeigen. 30 Bühnenjahre sorgen für Routine, bringen Erfahrungen. 16 Ehejahre mit Ike Turner haben ein übriges dazu beigetragen, haben Tina stark gemacht. Und Kraft und Stärke hat sie gebraucht. Denn in ihrer Karriere und vor allem in ihrem Privatleben herrschte wahrlich nicht immer nur eitel Sonnenschein.

Tina Turner begeistert seit 30 Jahren ein Millionenpublikum.

Mitte der 60er Jahre: Ein rauchiger Club. Es ist Wochenende, und der Club ist überfüllt. Das Publikum besteht fast ausschließlich aus schwarzen jungen Leuten. In der ersten Reihe sitzt ein junges Mädchen an einem Tisch und drückt die Daumen. Auf der Bühne erscheinen die Kings Of Rhythm. Die Fans jubeln. Die Band fängt an zu spielen. Schwarzen Rhythm & Blues. Der Bandleader, ein hagerer Schwarzer mit Oberlippenbärtchen, begrüßt die Gäste. Und wieder Jubel. Dann setzt er sich ans Klavier und spielt. Ab und zu schnappt er sich eine Gitarre. Der Saxophonspieler singt mit rauchiger Stimme ein paar bekannte Hits. Plötzlich tritt ein hübsches, höchstens 17jähriges Mädchen ins Rampenlicht. Sie trägt ein knallendes Kleid und hohe Stöckelschuhe. Als sie zu singen beginnt, wird es still im Club. Die Zuhörer sind erst erstaunt, dann begeistert. Jubel. Applaus. Das Mädchen singt mit rauchig-souliger, kräftiger, fast männlicher Stimme. Ihr Blick wandert immer wieder zu dem Bandleader am Klavier hinüber. Als sie sich schließlich verbeugt – tosender Applaus, Gejohle. Die Stimmung im Club kocht.

Floyd Bullock war Farmer von Beruf. Eigenes Land hatte er nicht. Weil er schwarz war, mußte er die Plantage eines reichen, weißen Amerikaners bewirtschaften. Doch immerhin hatte er es zum Aufseher gebracht. Seine Frau Zelma war ein Cherokesen-Halbblut und brachte ihre Tochter Alline (in manchen Quellen auch Eillen geschrieben) mit in die Ehe. Floyd Bullock war ein strenger Eheman und Vater, aber er arbeitete hart, um seiner Familie wenigstens einen gewissen Lebensstandard bieten zu können. Das Leben in Nutbush war friedlich und einfach. Das Nest bestand aus einer baptistischen Kirche, in die die Bullocks jeden Sonntag zur Messe gingen, einem Geschäft, wo Zelma Bullock jeden Samstag einkaufte, und einer Tankstelle, wo sich die Farmer des Städtchens und der umliegenden Plantagen sich zum Tanken und zum Plaudern trafen. Alles in allem kein schlechtes Leben für eine schwarze Familie im Amerika der 40er Jahre. Doch Zelma Bullock träumte von einem ganz anderen Leben.

Am 26. November 1939 wurde Floyd Bullock endlich Vater einer eigenen Tochter, die auf den Namen Anna Mae Bullock getauft wurde. Zwar zeigte Little-Ann, wie die Leute in Nutbush sie nannten, schon früh musikalisches Interesse, doch hätte sich damals wohl niemand vorstellen können, daß die Farmerstochter aus Nutbush unter dem Namen Tina Turner einmal in die Musikgeschichte eingehen würde. In Nutbush hörten die Farmer zu dieser Zeit außer dem kirchlichen Gospelgesang hauptsächlich Countrymusik. Die musikalische Revolution aus dem benachbarten Memphis durch einen gewissen Elvis Presley stand erst noch bevor. „Ich wurde wie ein Bauernmädchen erzogen. Mein Vater war zwar Aufseher einer Plantage, doch ich mußte zur Baumwollernte auf die Felder wie alle anderen", so erzählte Tina später in einem Interview mit der Zeitschrift The Face. Am

„Ich wurde wie ein Bauernmädchen erzogen. Ich ging zur Baumwollernte und sang sonntags im Kirchenchor."

Tina Turner

Wochenende, wenn Little-Ann mit ihren Eltern Ausflüge machte oder wenn die schwarze Kirchengemeinde ein Fest veranstaltete, sang und tanzte sie zu Blues-, Gospel- und Countrymusik aus dem Radio. Und sie sang natürlich im Kirchenchor, wo ja bekanntlich die Karrieren vieler berühmter schwarzer Soul- und Rhythm & Blues-Stars beginnen.

Als Anna Mae neun Jahre alt war, zog die Familie Bullock nach Riplea um. Doch auch in diesem Städtchen, kaum größer als Nutbush, fühlte sich

Brave Jahre: Nutbush

Zelma Bullock nicht wohl. Wenige Jahre später ließen sich Zelma und Floyd scheiden. Zelma hatte es mit dem grantigen Farmer nicht länger ausgehalten. Sie stürzte sich ins Großstadtleben von St. Louis. Vater Bullock, mit der Erziehung der beiden Töchter hoffnungslos überfordert, machte sich bald aus dem Staub. Er zog nach Chicago um. Anna Mae und ihre Schwester Alline blieben in der Obhut einer Tante. Als die die beiden finanziell nicht länger tragen konnte, reichte sie sie zu Oma Georgie nach Tennessee weiter. Kaum waren die beiden Mädchen alt genug, zog es auch sie in die unbekannte, bunte Welt der Großstadt. Die 18jährige Alline ging nach Detroit, Anna Mae zu ihrer Mutter nach St. Louis. Auch Alline tauchte bald dort auf. „St. Louis war für uns die große Welt", erzählte Tina später The Face. „Mir hatte es zwar in Tennessee gefallen, aber ich wußte, daß das nicht alles war."

Eine Stadt wie St. Louis mußte auf die zwei Teenies aus dem amerikanischen Hinterland wirken wie eine andere Welt. Anna Mae war 14 Jahre alt, als sie in St. Louis zur High School angemeldet wurde. Auch dort machte sie gleich durch ihr musikalisches Talent auf sich aufmerksam. Anna Mae wollte unbedingt Sängerin werden, und dafür war sie bereit zu kämpfen. Sie übte stundenlang, hörte Radio und ließ keinen Talentwettbewerb aus. Zunächst war der Wille stärker als der Erfolg – das Nachwuchstalent gewann nie einen Wettbewerb. Aber trotzdem fiel Little Ann auf: Im Jahrbuch ihrer Schule findet man unter ihrem Foto den Eintrag: Anna Bullock – Entertainerin. Kaum 16 Jahre alt, drehte sich bei Anna Mae alles nur noch um Kleider, Jungs und Musik. „Ich erinnere mich noch genau an das erste Mal", erzählte Tina später in ihrer Biographie „Ich, Tina". „Ich war 15, und natürlich verlor ich meine Unschuld auf dem Rücksitz eines Autos. Es waren schließlich die 50er Jahre. Er war zwei Jahre älter als ich, und wir wollten ins Kino. Ein wunderschöner, schwarzer Junge. Ich hatte natürlich Angst, und es tat sehr weh. Mir taten sogar die Ohrläppchen weh. Ich dachte, ich sterbe, Gott. Es schmerzte wie eine offene Wunde, und ich konnte hinterher kaum noch gehen, aber ich tat es aus Liebe, und deshalb war es okay."

Neben der Schule verdiente sich Anna Mae ein paar Dollar in dem Hospital, wo auch ihre Schwester arbeitete. Abends machten die Bullock-Schwestern die Clubs von St. Louis unsicher. Auf der Ostseite der Stadt, in Illinois, waren die Gesetze nicht so streng wie auf der anderen Flußseite in Missouri, deshalb gingen Anna Mae und Alline meistens dort aus. Ihr Lieblingsclub war das Manhatten, dessen Atmosphäre Tina später in dem Song *Club Manhatten* besang. Dort traten die Kings Of Rhythm auf, eine Band, die den damals gerade aufkommenden Rhythm & Blues-Sound perfekt beherrschte. Alline traf sich öfter mit dem Schlagzeuger der Band. Ehrgeizig wie Anna Mae war, witterte sie eine Chance, ihren Traum von der Sängerinnenkarriere wahrmachen zu können. Sie nutzte den Kontakt ihrer Schwester und sprach kurzerhand den Boß der Kings Of Rhythm, Ike Turner, an. „Ike und seine Band waren damals in St. Louis so etwas wie die Beatles", erinnerte sich Tina später in einem Interview. „Ich wollte unbedingt mit ihnen singen und rief ständig bei Ike an, aber Ike hat mich nie zurückgerufen. Das Mädchen, das damals mit ihm sang, war auf meiner Schule."

Jugendjahre: Die große Welt

Der 24jährige Musiker war nicht gerade begeistert von der Idee, eine 17jährige in seiner Band singen zu lassen. Doch Anna Mae gab nicht auf. Und während einer Session eines Nachts im Manhatten-Club kam ihre große Chance. Allines Freund, der Schlagzeuger, drückte Anna Maes älterer Schwester das Mikrophon in die Hand, damit sie zu Ikes Orgelspiel singen sollte. Doch Alline wollte nicht. Da ergriff Anna Mae mutig das Mikro und sang drauflos. Es war ein Hit von B.B. King. Und an diesem Abend im Jahr 1956 im Manhatten-Club in St. Louis begann der Stern von Tina Turner aufzugehen. Ihr spontaner Auftritt kam bei den Gästen des Clubs gut an, und Ike Turner bot der 17jährigen an, an den Wochenenden in der Band mitzusingen. Als Gage bekam sie 15 Dollar pro Abend. Davon kaufte sich das junge Mädchen Kleider, Nylonstrümpfe und hochhackige Schuhe. „Die höchsten, die ich finden konnte, damit ich älter wirkte", lachte Tina später in einem Interview. Dieses Faible für hohe Schuhe hat sie bis heute.

„Eines Abends gab es eine Razzia im Club, und sie fanden heraus, daß ich erst 17 war", erzählte Tina Mitte der 70er Jahre einem Journalisten. „Da mußte ich eine Weile aufhören." Trotzdem fühlte sich Anna Mae in der Gemeinschaft der Band, die samt Freundinnen und Ike Turners damaliger Ehefrau, gemeinsam in einem Haus lebte, sehr wohl. Natürlich war ihr damaliger Freund auch ein Bandmitglied. Er hieß Raymond Hill und war Saxophonist. „Am Anfang waren Ike und ich wie Bruder und Schwester", erzählt sie in ihrer Biographie. Die beiden verstanden sich sehr gut, und Tina sprach sogar oft nach einer Vorstellung für Ike ein Mädchen aus dem Publikum an, um sie in seine Garderobe einzuladen. Sein Lebenswandel störte sie nicht. Und das blieb auch noch einige Zeit so.

Zunächst wurde die knapp 18jährige schwanger von Raymond Hill und

brachte dessen Sohn Raymond Craig zur Welt. Auch Ike hatte mit seiner Frau Lorraine zwei Söhne. Ike soll Tinas Freund Raymond später aus der Band und dem Haus geworfen haben, weil er sich nicht genug um sie und das Kind kümmere. Als Ike sich kurzzeitig von seiner Frau trennte und mit seiner Show auf Tournee gehen wollte, zählte der clevere Geschäftsmann zwei und zwei zusammen und machte sich an Anna Mae heran. „Ich hatte nie an Sex mit Ike gedacht", schreibt sie in ihrer Biographie. „Ich dachte immer, das könnte ich nie, das ist schrecklich, aber dann tat ich es doch. Ich war sehr jung." Und außerdem war die ehemalige Farmerstochter begeistert von dem Leben, das sich ihr an der Seite des erfolgreichen Musikers Ike Turner auftat. Er überschüttete sie mit Kleidern und Schmuck und ließ sie in seinem Cadillac durch die Stadt fahren. Gemeinsam traten sie als Ike & Little Ann auf.

Und dann wurde Anna Mae Bullock wieder schwanger – diesmal von Ike. Den kümmerte das wenig. Er lebte inzwischen wieder mit Lorraine zusammen und ließ Anna Mae als Verhältnis nebenher laufen. Als bei Anna Mae die Wehen einsetzten, war es Lorraine, die sie ins Krankenhaus fuhr. Ike blieb cool. Seine zahlreichen Affären hatten ihn gleichgültig gegenüber Frauen gemacht, obwohl er später immer wieder beteuerte, für Tina wirklich viel empfunden zu haben. Sie sei seine „Wonderwoman" gewesen, sagte er. Jedenfalls erschien er bei Anna Mae nicht ein einziges Mal in der Klinik. Statt dessen feilte er an seiner neuen Show, bei der er auf seine Geliebte setzte. 1958 beschloß Ike, die 19jährige zu heiraten. „Ich wollte eigentlich nein sagen", erinnerte sich Tina später in einem Interview, „aber ich hatte nicht den Mut."

Kein Wunder. Schließlich wußte sie, daß Ike äußerst zornig werden konnte. Das hatte die blutjunge Frau bereits am eigenen Leib erfahren.

London, 1973: 20 000 Fans warten in der hitzig-schwülen Atmosphäre einer riesigen Halle darauf, daß die Show beginnt. Sie applaudieren, als die achtköpfige Band The Family Vibes auf die Bühne kommt. Die Band spielt ein paar Hits aus dem Repertoire schwarzer Künstler. Die Fans wippen mit den Füßen. Als drei schwarze Sängerinnen die Bühne betreten, geht ein Raunen durch die Reihen: die Ikettes, benannt nach dem Bandleader Ike Turner. Die drei bieten in ihren mit Perlen übersäten Show-Kleidchen eine heiße Show. Das Publikum klatscht mit. Die Ikettes singen all ihre Hits, doch dann müssen sie in den Hintergrund treten. Ike Turners Ehefrau erscheint im Lichtkegel eines Scheinwerfers. Tina Turner. Star der Ike & Tina Turner-Show. Tina singt Come Together, Honky Tonk Woman, Rolling On A River. *Die Leute klatschen, johlen und machen anzügliche Bemerkungen, denn Tinas Show, von ihrem Ehemann bis ins kleinste Detail geplant, ist sehr sexy. Der Höhepunkt: Tina steht, nur den Oberkörper in gleißendes Scheinwerferlicht getaucht, auf der Bühne und liebkost anzüglich ihr Mikrophon. Das Publikum tobt. Nach diesem aufreizenden Show-Ende verschwindet Tina, von Zerhackerlicht in Einzelbewegungen aufgelöst, von der Bühne. Applaus. Ike Turner verbeugt sich lachend.*

„Wir waren zwei total verschiedene Menschen", heißt es in der Biographie „Ich, Tina". „Ich wußte, es konnte nie gutgehen mit uns. Er wollte meine Miete bezahlen, aber ich sagte ihm, daß ich mich nicht fester an ihn binden wollte. Da schlug er mich zum ersten Mal. Mit einem Schuhspanner – einem von diesen Dingern mit Metall in der Mitte. Er prügelte mich und zwang mich dann zum Sex. Mein Auge war ganz geschwollen. Es war schrecklich. Das war der Anfang meiner Angst vor Ike." Und mit Hilfe dieser Angst machte sich Ike Turner Talent und Persönlichkeit seiner Frau zu eigen – 16 Jahre lang. „Wenn eine Frau wie sie es dennoch so lange bei mir aushält, dann gibt sie doch damit zu, daß ihr das nichts ausmacht", konterte er später in einem Interview, auf seine üblen Prügeleien angesprochen.

Anna Mae Bullock und Ike Turner heirateten 1958 in einem schmuddeligen Heiratsbüro nahe der Grenze in Tijuana/Mexico, wo man ohne großen Pomp schnell eine Ehe schließen konnte. „Es ging alles so schnell. Plötzlich war ich Mrs. Turner", erinnerte sich Tina später. In der Öffentlichkeit erzählte sie: „Ich liebe es zu tanzen. Schon als Teenie bin ich gern für meine Schwester eingesprungen, die in einer Bar arbeitete. Ich liebe Musik. Aber eigentlich wollte ich immer nur eins: Hausfrau und Mutter sein. Ich glaube, es war Schicksal, daß ich mit Ike beides haben kann." Ike Turner betrachtete seine Frau als sein „Geschöpf". Er gab ihr den Künstlerna-

Prügeljahre: Ike & Tina Turner

men Tina, den er in einem Comic fand, dessen Hauptfigur ein katzenartiger Dschungel-Vamp namens Sheena war. Und er machte aus der naiven Farmerstochter mit Musik im Blut einen Vollblut-Vamp, den er für seine Show und sein Privatleben wie eine Schachfigur benutzte. „Ich hasse dieses Tina", gesteht der Star heute.

Zur ersten Platte von Tina Turner kam es 1960 durch einen Zufall, den die junge Künstlerin zu nutzen wußte. Ike hatte gerade den Song *A Fool In Love* geschrieben und wollte ihn mit Sänger Art Lassiter im Studio aufnehmen. Doch der erschien nicht zum vereinbarten Termin. Um das bezahlte Studio trotzdem nutzen zu können, bot sich Tina an, das Lied zu singen. Gesagt, getan. Mit dem Song, der prompt Platz zwei der R&B-Charts stürmte, gelang Ike Turner endlich der Durchbruch. In den US-Pop-Charts stieg der Song auf Platz 27 ein. Perfekt vermischte der Sound damals aktuelle Rock'n'Roll-Rhythmen mit schwarzer Gospeltradition und swingendem Soul. Tinas außergewöhnliche, kräftige Power-Stimme verlieh dem Stück das gewisse Etwas.

Ike reagierte schnell. Er taufte seine Band in The Ike & Tina Turner Revue um, machte aus den ehemaligen Kings Of Rhythm eine Showband und engagierte drei schwarze Go-Go-Girls, die Ikettes. Diesen Namen hatte er sich von der Go-Go-Truppe seines Vorbilds Ray Charles, den Raylettes, abgeschaut. In den folgenden 14 erfolgreichen Bühnenjahren wechselten

Ike Turner gab seiner Frau den Künstlernamen Tina Turner und machte sie zum Mittelpunkt seiner Show. Und selbst auf der Bühne ließ sie der Despot nie aus den Augen.

die Ikettes unzählige Male. Bekannte Sängerinnen wie Merry Clayton oder die weiße Bluessängerin Bonnie Bramlett starteten ihre Karrieren als Ikette. Das Ikette, das der Boß am festesten im Griff hatte, war natürlich seine Frau Tina. Er ließ sich mit ihr in Los Angeles nieder, tüftelte ihre Show bis ins letzte Detail aus, ließ sie stundenlang proben und entwarf ihre kurzen Tigerkleidchen, Chiffonfähnchen und Perlenkostüme, die mehr zeigten als verhüllten. „Für meine Tänze machte ich immer selbst die Choreographie", stritt Tina später ab. „Ich achtete immer darauf, daß sie nicht zu kompliziert war, denn das Publikum besteht nicht aus ausgebildeten Tänzern. Es möchte gern glauben, daß es das, was ich mache, selbst auch kann." Auf der Bühne war Tina der Vamp, die Attraktion, der Mittelpunkt. Ihre ekstatischen, wilden sexsprühenden Shows wurden zur Legende.

Auf der Bühne konnte sie sich, unerreichbar für Ike, austoben. Dort erwartete ihr Mann sogar von ihr, daß sie das schnurrende Sexkätzchen, die Rockmieze, wie die Presse Tina damals gern betitelte, spielte. Nach ihrem ersten Konzert im Münchner Kongreßsaal Anfang der 70er Jahre bekam Tina wegen ihrer unzüchtigen Show übrigens Auftrittsverbot.

Ike achtete sorgfältig darauf, daß kein Ikette hübscher war als Tina, und falls eines von ihnen aus Versehen in den Vordergrund geriet, wurde es bestraft, indem sein Gehalt einbehalten wurde. Auch Tina wurde bestraft, wenn sie nicht so funktionierte, wie Ike es wollte. „Er war völlig unberechenbar. Aus dem Nichts heraus konnte er von der Couch aufstehen, auf mich zukommen und – bumm! Ich hatte ständig ein blaues Auge und geplatzte Lippen – das waren die Grundprügel", erzählt Tina in ihrer Biographie. „Er schlug mich mit allem, was gerade zur Hand war, Schuhe, Schuhspanner, der bloßen Hand. Ich hatte immer irgendwo eine Platzwunde."

Nach dem Erfolg von *A Fool In Love* erkrankte Tina an Gelbsucht und mußte sechs Wochen ins Krankenhaus. Doch Ike hatte nur seinen Erfolg im Sinn. Er überredete Tina dazu, das Krankenhaus heimlich zu verlassen, um mit ihm auf Tournee zu gehen. Das Ergebnis dieser Tour war ein erster echter Plattenvertrag mit der Firma Sun Records. Im Anschluß an *A Fool In Love* schafften Ike & Tina Turner einige ganz beachtliche Charts-Erfolge. Mit *It's Gonna Work Out Fine* landeten sie 1961 ihren ersten US-Top-20-Hit. Der Song landete auf Platz 14. Doch damit mußte sich die Band in diesem Jahr erst einmal zufrieden geben. Ihre Popularität als Live-Gruppe wuchs zwar, hauptsächlich dank Tinas aufsehenerregender Auftritte, ständig. Doch die Plattenverkäufe zogen nicht nach. 1962 gelangen den Turners mit *Poor Fool* (Platz 38 der US-Charts), *Tra La La La La* (Platz 50 der US-Charts) und *You Should' A Treated Me Right* (Platz 89 der US-Charts), dem letzten Erfolg für Sun Records, wieder drei einigermaßen erfolgreiche Hits. In den R&B-Charts standen alle drei Songs auf weitaus höheren Positionen. Die Bühnenshows der Band wurden derweil auch beim weißen Publikum immer beliebter. In diesen damals noch recht prüden Zeiten war es bei weißen Künstlern nicht üblich, auf der Bühne eine so sexy Show abzuziehen, wie Tina und die Ikettes es taten. „Sex ist heute wichtig, denn die Leute, die für eine Show bezahlen, wollen von allem ein bißchen sehen", sagte Tina einmal in einem Interview mit dem Melody Maker. „Ich habe unsere Show aber nie für sexuell aggressiv gehalten. So ungezügelt ich auch sein mag, ich habe mir immer meine Damenhaftigkeit bewahrt."

Bewußt spielten Ike und Tina bei ihren Auftritten mit den klischeehaften Vorstellungen der Weißen von der Sexualität der Schwarzen. Wie alle seine Projekte hatte Ike seine Show clever geplant. Zuerst ließ er seine achtköpfi-

Die Ike & Tina-Turner-Revue wurde als fantasievolle und vor Erotik sprühende Show bekannt.

„Wenn eine Frau wie Tina es trotzdem so lange bei mir ausgehalten hat, zeigt das doch, daß ihr die Prügel nichts ausmachen.“

Ike Turner

ge Band, die inzwischen The Family Vibes hieß, ein paar Instrumentalstücke spielen. Sie drosselten bald ihre Lautstärke, damit Ikes Gitarrensoli voll zur Geltung kamen. Dann erschienen die Ikettes auf der Bühne und schließlich stöckelte Tina, immer im knappen Minikleidchen und hohen Schuhen, ins Scheinwerferlicht, um dem angeheizten Publikum den Höhepunkt der Show zu liefern. Auch wenn die Plattenerfolge der Turners während dieser Zeit nicht gerade überwältigend waren, so gilt die Ike & Tina Turner-Revue aufgrund ihrer Live-Shows heute doch als eine der erfolgreichsten und wichtigsten Gruppen der 60er Jahre.

Es gab aber auch kritische Stimmen zu der viel bejubelten Show. „Mit momentanen Empfindungen und dem improvisatorischen Engagement des Künstlers hat diese Show nichts mehr zu tun“, schrieb die Zeitschrift SOUNDS 1973. „Das gesamte Repertoire der Turners ist von ihren LPs schon bekannt. Alles wäre halb so schlimm, wenn sie diese Themen wieder aufgriffen und neu arrangierten. Leider jedoch werden sie in der gleichen Weise interpretiert wie zuvor.“ Und eine Tageszeitung schrieb: „Einem Publikum mag man ja noch diese verstaubten Gags Jahr um Jahr zumuten, aber was für ein dickes Fell gehört dazu, den eigenen Musikern diese dürftigen Pointen Abend für Abend an den Kopf zu werfen. Die Show wird heruntergespult wie Repertoire-Theater. Vielleicht sollte man das alles nicht länger als künstlerisches Phänomen sehen, sondern als das, als was sich die Veranstaltung ehrlicherweise selbst betitelt, als Revue. Die Turners haben sich aus dem Dreck der Nachtclubs hochgedient, machen mit ihren Platten allein in Europa Millionenumsätze und stehen auf den großen Bühnen dieser Welt. Jetzt wollen sie halt oben bleiben.“

Die Band war fast ständig auf Tournee. Auch als Tina sich eine schwere Erkältung zuzog, zwang ihr

Mann sie aufzutreten. Die anfängliche Grippe wuchs sich zu einer Bronchitis aus. Der Arzt verbot Tina zu singen, doch Ike wollte davon nichts wissen. Tina bekam eine Lungenentzündung. Trotzdem mußte sie weiter auftreten. Schließlich fuhr die todkranke Sängerin selbst ins Krankenhaus, wo man sie mehrere Tage in ein Eisbett legen mußte, um das Fieber zu senken. Die Ärzte stellten eine Tuberkulose fest. Der rechte Lungenflügel war zusammengefallen, aufgrund einer Drüseninfektion hatten sich Knötchen in Tinas Beinen gebildet. Doch auch als sie endlich wieder aus dem Krankenhaus entlassen wurde, endete ihre „private Hölle", wie sie das Leben an Ikes Seite später nannte, nicht. Während ihrer Abwesenheit hatte sich Tinas Mann mit anderen Frauen vergnügt und das Haus umgestaltet. Tina packte daraufhin ihre Sachen und ging. Doch Ike fand sie und prügelte sie halb tot. Dabei soll er seiner Frau sogar den Kiefer zertrümmert und ein paar Rippen gebrochen haben. „Er zwang mich, auf die Bühne zu gehen, während noch das Blut aus meinem Mund sprudelte", erzählte Tina später. Nach dieser Episode hatte sie endgültig genug von ihrer Ehe, doch da sie nicht den Mut hatte, Ike erneut zu verlassen, wählte sie einen anderen Ausweg: Tina Turner versuchte sich das Leben zu nehmen. Sie schluckte 50 starke Valium-Tabletten. Doch Ike fand sie und brachte sie in ein Krankenhaus. Tina erinnert sich in ihrer Biographie: „Als ich aufwachte, sagte ich nur: Ich will sterben..." Ike soll geantwortet haben: „Hey, Baby, du kratzt nicht ab, du alte Hure. Ich bring dich um."

1964 unterschrieb das Duo einen Plattenvertrag mit Kent Records. Doch schon einen Song später wechselten Ike & Tina Turner zu Warner, während Ike mit den Ikettes Platten für das Schwester-Label von Kent Records, Modern Records, aufnahm. Tinas *I Can't Believe What You Say (For Seeing What You Do)* schaffte Platz 95 der US-Charts. Die Ikettes veröffentlichten *Peaches'n Cream* und *I'm So Thankful*. Nach dem nur mäßigen Plattenerfolg von *I Can't Believe What You Say (For Seeing What You Do)* und weiteren ständigen Mißerfolgen auf dem Warner-Label konnte Ike 1966 einige Monate lang nur bei kleinen Independant-Labels unterkommen, bis Produzent Phil Spector ihm einen Plattenvertrag für Tina anbot. Spector, der zuvor schon mit den Coasters, den Teddy Bears und den Righteous Brothers beachtliche Erfolge feiern konnte und die Crystals und Ronettes zu Schlagerstars gemacht hatte, war begeistert von Tinas Stimme. Die Art, wie Ike sie produzierte, gefiel ihm hingegen überhaupt nicht. Deshalb bot er Ike Turner 20 000 Dollar für einen Vertrag mit Tina, bei dem Ike sich aber vollständig heraushalten sollte. Das Ergebnis dieser Zusammenarbeit war *River Deep, Mountain High*, ein Song, der heute zu den Rock-Klassikern und noch immer zu Tina Turners Live-Repertoire gehört. Doch obwohl Phil Spectors Produktion mit weitaus härteren, rockigen Rhythmen Tinas Stimme endlich gerecht wurde, verhallte der Song zunächst unbeachtet. Auch das später erschienene, gleichnamige Album bescherte nicht den erwarteten Erfolg. „Die schwarzen Sender spielten das Lied nicht, weil es zu poppig war, und die weißen Stationen brachten es nicht, weil es zu schwarz klang", analysierte Tina später.

Trotz des Mißerfolgs in Amerika wurde *River Deep, Mountain High* doch noch zu einem Meilenstein in der Karriere von Tina Turner. Mit diesem Song gelang Ike und Tina, bisher nur in den USA ein Begriff, nämlich der internationale Durchbruch. Der Song belegte Platz drei der britischen Charts. Bei der Produktion hatte Tina Mick Jagger kennengelernt, mit dem Phil Spector damals bereits zusammenarbeitete. Spector zog sich nach dem Mißerfolg von *River Deep, Mountain High* in den Staaten für einige Zeit aus dem Geschäft zurück und löste seine Plattenfirma Phillies auf. Später wirkte er an Platten von Leonard Cohen, John Lennon & Yoko Ono und den Rolling Stones mit. Dank des England-Erfolges von *River Deep,*

Mountain High und Phil Spectors Verbindungen zu den Stones konnten Ike & Tina Turner im September 1966 mit den Rolling Stones, den Yardbirds und Long John Baldry auf eine Kurz-Tour durch England gehen. Dort war der Erfolg ihrer Show fast noch größer als in den USA. Viele Kritiker bezeichneten Tina als weiblichen Mick Jagger, doch der Stones-Frontmann gestand später: „Ich habe oft versucht, Tinas Art zu tanzen, zu kopieren. Geschafft habe ich es nie." Und Tina erzählte: „Mick stand immer hinter der Bühne und beobachtete mich beim Tanzen". Als Tina längst Solokarriere gemacht hatte, lobte Mick seine Kollegin und alte Freundin: „Wer Show sagt, muß auch Tina Turner sagen."

Den Erfolg in Großbritannien erklärte sich Tina in einem Interview mit THE FACE damals so: „Die Engländer sind sehr korrekt und zurückhaltend. Und eine ganze Menge von dem, was sie zurückhalten, ist genau das, was wir schwarzen Amerikaner in unserer Musik ausdrücken." Jedenfalls bauten die Turners auf den britischen Erfolgen auf. *River Deep, Mountain High* wurde 1969 wiederveröffentlicht, und Ike & Tina Turner nahmen am Newport-Festival '69 teil. Außerdem unterschrieb Ike für das Duo gleich zwei neue Plattenverträge. Auf dem Label Blue Thumb veröffentlichte er eine Cover-Version des Otis-Redding-Klassikers *I've been Loving You Too Long*, den Ike und Tina auf der Bühne als Duett interpretierten. Die Plattenfirma Minit brachte den Song *I'm Gonna Do All I Can (To Do Right By My Man)* auf den Markt. Beide Songs dümpelten jedoch nur in den unteren Bereichen der US-Charts. Ende des Jahres wurden die Turners erneut eingeladen, als Vorgruppe der Rolling Stones zu touren, diesmal durch Amerika. Da die Stones schon seit einigen Jahren nicht mehr in den USA aufgetreten waren, pilgerten ganze Heerscharen meist weißer Fans in die Stadien und Hallen. Die Turners traten damals vor dem größten Publikum ihrer bisherigen Karriere auf. Bei einem der letzten Konzerte der Stones-Tour in Kalifornien, kurz vor Weihnachten 1969, kam es zu jenem heute legendären Zwischenfall, bei dem ein Bodyguard der Stones einen schwarzen Fan aus bis heute ungeklärten Gründen ermordete.

„Eine Menge der Emotionen, die die Europäer zurückdrängen, drücken wir Schwarzen in unserer Musik aus."

Tina Turner

Während Ike Turner ein Album mit neu abgemischten Versionen alter Songs der Turners herausgab, spielte Phil Spector mit Tina Ende des Jahres noch eine Cover-Version des Martha & The Vandellas-Songs *A Love Like Yours* ein. Die ruhige, soulige, sparsam instrumentierte Ballade, die nur in England veröffentlicht wurde, kam dort immerhin auf Platz 16 der Hitliste.

Ike Turner hatte schon während der vergangenen Jahre immer wieder gezeigt, daß er seine Chancen zu nutzen wußte. So wie er damals nach dem Erfolg von Tinas erster Single *A Fool In Love* gleich Nägel mit Köpfen gemacht hatte, so wie er den England-Erfolg ihres Songs *River Deep, Mountain High* auszunutzen gewußt hatte, so führte er seine Band auch jetzt in die richtige Richtung. Nachdem das weiße Publikum via Stones erst einmal auf die Turners aufmerksam geworden war, wollte Ike die neugewonnenen Fans nicht mehr verlieren. Deshalb ließ er Tinas Songs nun fast ausschließlich von weißen Songschreibern bearbeiten. Tina fühlte sich in dieser musikalischen Richtung gut aufgehoben. Der erste Streich dieser Phase, war der Song *Proud Mary*. Als Tina im Radio zum ersten Mal den 1969er Hit von Creedence Clearwater Revival hörte, war sie so begeistert, daß sie Ike bat, eine Cover-Version zu schreiben. Doch Ike mochte den Song nicht und schlug Tinas Bitte ab. Erst zwei Jahre später ließ sich der Bandleader überreden, das Stück ins Repertoire aufzunehmen. Mit Erfolg: Der Titel wurde der erste Top-10-Hit von Ike & Tina Turner. Er schlug auf Platz 4 der US-Charts ein wie eine Bombe und wurde ihr erster Millionenerfolg. Das nachfolgende Album *Workin' Together* wurde das erfolgreichste Album ihrer ganzen Karriere. Mit diesem Erfolg im Rücken konnte die Band erstmals einen langfristigen, professionellen Plattenvertrag ergattern. Bisher hatte Ike für das Duo immer nur Ein- oder Zwei-Platten-Verträge an Land ziehen können.

Die Jahre 1970 bis 1974 wurden die erfolgreichsten für das Duo. Ike und Tina machten durch ihre Cover-Versionen die Beatles-Hits *Come Together* und *Get Back*, den Stones-Song *Honky Tonk Woman* und *I Want To Take You Higher* von Sly & The Family Stone zu Klassikern. Aber auch mit eigenen Songs wie *What You See Is What You Ge*t und *Bold Soul Siste*r konnten die Turners jetzt Erfolge feiern. Ein besonderes Highlight war das Stück *Nutbush City Limits*, das Tina selbst geschrieben und komponiert hatte. Der Song erreichte 1972 Platz 22 der US-Charts und Platz 4 in England. Der Schritt ins große Popbusineß war geschafft. Ike und Tina verkauften Platten, sangen in den wichtigen TV-Shows bei Ed Sullivan und Andy Williams, traten mit ihrer Show regelmäßig in Las Vegas auf – und machten Schlagzeilen. Denn allmählich begann sich die amerikanische Öffentlichkeit auch für das Privatleben der neuen Stars zu interessieren. Die Presse nahm besonders Ikes despotisches Wesen gegenüber seinen Bandmitgliedern aufs Korn. In seinem Buch „Tina Turner" veröffentlichte Ikes ehemaliger Generalmanager Gerhard Augustin Auszüge aus den streng geheimen Verträgen, die Ike mit seinen Musikern abgeschlossen hatte. Darin war ein regelrechter Strafenkatalog enthalten: Strafe für das Betreten des Partyraums ohne Genehmigung – 100 Dollar. Verpassen des Flugzeugs – 50 Dollar. Verpassen des Auftritts – 150 Dollar, beim zweiten Mal – 300 Dollar, beim dritten Mal – fristlose Entlassung. Streit mit Ike oder Tina in der Öffentlichkeit – 100 Dollar. Die Ikettes durften ihre Show-Kleidung nicht außerhalb der Bühne tragen und hatten immer adrett, gepflegt und geschminkt zu sein. Einheitliches Aussehen wurde verlangt. Für verlegte Accessoires oder Bühnenklamotten wurden ebenfalls empfindliche Strafen verhängt. Wer gegen die Regeln des gestrengen Bandleaders aufmuckte, wurde auf die Klausel verwiesen: „Jedes Mitglied, das in der Öffentlichkeit über den Inhalt dieses Vertrages spricht, wird ohne Kündigungsfrist entlassen. Wer nicht den Gesetzen und Regeln seines Arbeitgebers zustimmt, sollte dieses Dokument nicht unterschreiben." So einfach war das.

In den Zeitungen tauchten immer öfter Gerüchte über Ikes brutale Vorlieben auf, über seinen despotischen Umgangston mit seiner Frau, über seine Kokaineskapaden und über seine außerehelichen Ausschweifungen. „Das erste Mal, daß ich Ike Kokain nehmen sah, war in San Francisco. Er nahm es mit einem Hundert-Dollar-Schein. Das war chic", erzählt Tina in ihrer Biographie. „Ich glaube, er hat vorher schon in aller Heimlichkeit Kokain genommen. Doch bald wurde er frech. Er hatte überall kleine Schächtelchen. Nach einer Weile war das so selbstverständlich wie eine Schachtel Zigaretten in seiner Hosentasche. Natürlich wurde Ike dadurch noch aggressiver und ungeduldiger. Ich wagte kein Wort mehr zu ihm zu sagen." Auch an Ikes Musik wurde in den Medien langsam Kritik laut: „Ike Turner ist ein durch und durch miserabler Gitarrist, der versucht Soul-Standard-Stückchen zu komponieren und außerdem alles tut, um ein Mitglied der weißen US-Gesellschaft zu werden", schrieb ein Kritiker von SOUNDS. „Soul To Soul ist gut, aber Soul To Money ist besser." Diesem Ruf versuchte Ike entgegenzuwirken, indem er ein Konzert für die radikale Schwarzenbewegung Black Panthers in Oakland gab, bei dem er statt der üblichen 20 000 nur 4400 Dollar verlangte. Doch während des Konzerts begannen die Mitglieder zu schreien: „Negerverräter, schwarze Kapitalistenschweine, Ausbeuter der eigenen Rasse!" Schließlich stürmte eine aufgebrachte Menge die Garderobe der Künstler und schlug Band, Crew, Ikettes und die Turners übel zusammen. Einige Musiker wurden mit Knochenbrüchen ins Krankenhaus eingeliefert. Tina kam mit einigen Platzwunden und dem Schrecken davon, doch Ike erwischte es schlimm: Seine Schädeldecke war gesplittert, und der Bandleader mußte mehrere Stunden am Kopf operiert werden.

Gute zwei Monate pausierte die Ike & Tina Turner-Show nach diesem blutigen Spektakel. Danach wollte Ike wieder auftreten. Tina erzählte der Presse in Los Angeles: „Ich habe Angst, wieder aufzutreten, aber wir starten unsere Auftritte in Deutschland, denn wir glauben nicht, daß dort so etwas passieren könnte. Wir hoffen, daß der Erfolg, den wir dort immer hatten, unserer Band wieder Mut macht." Tina und Ike, die sich zu Beginn ihrer Karriere noch mit immensen Rassenproblemen in Amerika herumschlagen mußten, gehörten selbst nie einer Organisation an. In den 60er Jahren, als die beiden aufzutreten begannen, gab es noch Clubs für Weiße und Clubs für Schwarze. In manchen Clubs, die schwarze Musik spielten, waren zwar auch Weiße zugelassen, doch mußten die Rassen streng getrennt sitzen. „Ich finde natürlich auch, daß jeder Schwarze in der Öffentlichkeit ohne Scham sagen können sollte: Ja, ich bin schwarz. Aber als religiöser Mensch denke ich auch, daß Gott gewollt hat, daß alle Menschen zusammenleben", meinte Tina in einem Interview Mitte der 70er Jahre. „Wenn ich jemanden nicht mag, kümmere ich mich nicht um ihn, und wenn ich jemanden mag, ist es mir egal, was für eine Hautfarbe er hat. Viele Schwarze dagegen verabscheuen alles, was weiß ist. Das finde ich nicht gut. Deshalb will ich eine solche Organisation auch nicht unterstützen."

Ihre zunehmende Popularität kam natürlich auch dem Bankkonto der Turners zugute. Ike kaufte ein Haus in Inglewood, einem Vorort von Los Angeles, und baute sich in der Nähe ein eigenes Studio. Wie vor ihm schon andere Show-Größen lebte er in der Villa seinen ganzen Größenwahn aus. Er ließ einen Wasserfall in dem Haus anlegen, einen Eßtisch in Form einer

Betreten des Partyraums ohne Genehmigung – 100 Dollar. Verpassen des Flugzeugs – 50 Dollar. Verpassen des Auftritts – 150 Dollar, beim zweiten Mal – 300 Dollar, beim dritten Mal – fristlose Entlassung. Streit mit Ike oder Tina in der Öffentlichkeit – 100 Dollar.

Der Strafenkatalog von Ike Turner

„Ich war nicht bereit, noch eine einzige von Ikes Launen zu ertragen. Ich konnte nicht mehr."

Tina Turner

Gitarre anfertigen und einen Fernseher, der aussah wie ein riesiger Walfisch. Dabei bewies der Musiker aber keinen teuren Geschmack, sondern stattete alles mit Billig-Imitaten aus, so daß sich unter Kollegen bereits das geflügelte Wort entwickelte: „Kann man tatsächlich 70 000 Dollar bei Woolworth ausgeben?" In Ikes Schlafzimmer konnte man nur durch einen Eingang gelangen, der die Form eines Eierstocks hatte. Das ganze Haus war mit Kameras ausgestattet. „Sogar auf der Toilette wurde man von Kameras beobachtet", erinnerte sich ein Repor-

ter später. Tinas Kommentar, als sie das Haus sah: „Wie ein Bordell in der Hölle." In Interviews auf die sich zuspitzende Situation mit Ike angesprochen, wiegelte sie immer ab. Aus Angst vor Schlägen. „Er hat mich immer als Besitz betrachtet", sagte sie nach der Trennung. „Als er merkte, daß ich ihm entglitt, wurde er immer aggressiver." Schließlich soll Ike Tina wie eine Gefangene in seinem Haus eingesperrt haben. Nach ihrem Selbstmordversuch, durch den er einen Auftritt absagen mußte, soll er getobt haben: „Du willst sterben? Dann stirb!" Und er schlug seine Frau so zusammen, daß die Ärzte tatsächlich befürchteten, TT würde den Wutanfall ihres Mannes diesmal nicht überleben. In Interviews versuchte Tina zunächst noch zu vertuschen, was hinter der Haustür in Los Angeles vor sich ging: „Was mich immer weitermachen läßt, ist Ike. Es war immer Ike. Musik bedeutet für ihn das Leben, und ich bin ein Teil von Ike – deshalb mache ich weiter. Ich vertraue ihm als Geschäftsmann, als Musiker und als Mann." Solche Aussagen zeigen, wie gut Ike seine Frau im Griff hatte.

Tatsächlich stahl die temperamentvolle Tina Ikes Musik auf der Bühne mehr und mehr die Show. Schließlich nahm Tina sogar ein Filmangebot an. Sie spielte die Acid Queen in der Verfilmung der Rock-Oper „Tommy", mit der The Who, damals gerade auf dem Höhepunkt ihrer Karriere, in die Rock-Geschichte eingingen. Roger Daltrey, der Leadsänger der Band, spielte die Hauptrolle. Auch Elton John und Eric Clapton hatten einige Gesangparts. In einer kleineren Nebenrolle setzte Regisseur Ken Russell den damals gerade bekannt werdenden Jack Nicholson ein. Die Rolle der Nora Walker hatte die Schauspielerin und Sängerin Ann Margret übernommen. Mit ihr sang Tina später ein Duett. Tina spielte eine drogenabhängige Prostituierte. Nach diesem Filmerfolg wendete sich für sie das Blatt. Kritiker und Fachwelt zeigten sich begeistert vom Talent und der Ausstrahlung der Turner. Die Angebote für Songs und Auftritte flogen ihr dutzendweise zu. Allerdings war darin nie die Rede von Ike Turner. Tina hatte ihren despotischen Ehemann schlicht überrundet. „Es paßte Ike überhaupt nicht, daß ich in dem Film mitgespielt habe", erzählte Tina später ihrem Biographen. „Er war immer gegen alles, was von außen kam. Ich dagegen wollte lernen. Ich hatte keine Ahnung von Kunst oder Musik, weil Ike mich keine Bücher lesen ließ. Doch heimlich begann ich zu lernen. Und damit habe ich nie mehr aufgehört."

Und 1976, nach einer grausamen Prügelszene, hatte Tina endlich den Mut, sich von Ike zu trennen. Biographen erzählen die Geschichte heute so: Tina und Ike waren gerade auf dem Weg von Los Angeles zu einem Auftritt in Dallas, als Ike ihr auf dem Flughafen ein Stück Schokolade anbot. Da Tina ein weißes Kleid trug, das sie nicht schmutzig machen wollte, lehnte sie ab. Da schlug Ike ihr mitten auf dem Flughafen mit dem Handrücken ins Gesicht. Im Auto, unterwegs zum Hotel, prügelte er sie weiter. Zum ersten Mal schrie und schlug Tina zurück. „Als wir im Hotel ankamen, war mein Gesicht total geschwollen", erinnert sie sich. „Ike hatte fünf Tage und Nächte nicht geschlafen. Er war unheimlich gereizt. Aber ich war nicht bereit, noch eine einzige seiner Launen zu ertragen. Zu oft hatten wir darüber diskutiert und gestritten. Ich konnte nicht mehr."

Im Hotelzimmer massierte Tina Ike noch, bis er eingeschlafen war, dann stahl sie sich mit blutverschmiertem Kleid, 36 Cent und einer Kreditkarte in der Tasche davon. Mit einem Flugticket, das ihr ihre Freundin Ann Margret geschenkt hatte, flog sie nach Los Angeles zurück und versteckte sich dort in Ann Margrets Villa. Doch Ike fand seine Frau und wollte sie zurückholen, aber diesmal verhallten seine Drohungen ungehört. Mehr als ein halbes Jahr lebte Tina bei Ann Margret, bevor sie 1976 mit Ike vor den Scheidungsrichter trat. Ike Turner soll während dieser Zeit sogar einige Brandanschläge auf das Versteck seiner Frau inszeniert haben.

Magere Jahre: Tina ganz unten

Nach der Scheidung von Ike, dem sämtliche Besitztümer der Turners zugesprochen wurden, stand die 37jährige Tina ohne Geld und mit ihren vier Kindern (Tina zog auch Ikes Söhne aus erster Ehe mit groß) alleine da. Zu allem Überfluß mußte die Sängerin Regreßansprüchen verschiedener Tourveranstalter in Höhe von mehr als einer halben Million Dollar nachkommen. „Ein Preis, den ich gerne bezahlte", gestand sie später. „Ich hatte meine Freiheit. Was das bedeutet, kann nur abschätzen, wer in Sklaverei gelebt hat." Tina mußte ganz von vorn anfangen. Nicht nur beruflich, sondern auch privat. Sie mußte wieder selbst für ihre Kinder kochen und ihre Wäsche waschen. Und sie mußte abends überlegen, woher sie das Geld für den nächsten Tag nehmen sollte. Ihre Schwester Alline half ihr bei ihrem Haushalt. Gemeinsam mit den Kindern zogen sie in ein möbliertes Haus in der Einsamkeit des Laurel Canyon. „Ich war vollkommen hilflos und unpraktisch", erinnert sich Tina heute an die schwerste Zeit ihres Lebens. „Meine Kinder brauchten einige Zeit, um zu kapieren, daß wir nicht mehr reich waren." Mit Ike einigte sich Tina schnell. „Ike ist eine Kämpfernatur. Hätte ich ihm den Kampf angesagt, würden wir heute noch streiten", sagte sie 1985 in einem Interview mit dem Journalisten Bart Mills. „Ich wollte keine Gerichtsverhandlung, obwohl meine Anwälte mich dazu drängten. Ich hätte bestimmt Alimente herausschlagen können, aber ich wollte mich durch die Trennung nicht bereichern. Ich war zu froh, ihn los zu sein."

Sie versuchte neue Geschäftsbeziehungen aufzubauen und mußte dabei ständig gegen die Meinung ankämpfen, ohne den geschäftstüchtigen Ike im Rücken sei sie ein zu großes Risiko. Niemand schien sich mehr daran erinnern zu wollen, daß alle wirklich großen Erfolge der Turners wie *Proud Mary*, *River Deep*, *Mountain High* oder *Nutbush City Limits* auf Tinas

Initiative zurückgegangen waren. Tina war zwar in privater wie beruflicher Beziehung von ihrem Mann unterdrückt worden, doch hatte sie dadurch auch wie unter einem Schutzmantel gelebt. Von den harten geschäftlichen Seiten des Musikbusineß hatte sie wenig mitbekommen. Damit mußte die fast 40jährige Frau jetzt erst umgehen lernen. „Manchmal dachte ich, ich schaffe es nie", gestand Tina Bart Mills. Ein ganzes Jahr lang schlug sich die ehemals im Rampenlicht stehende Glamour-Königin mit Aushilfsjobs als TV-Moderatorin oder gar als Putzfrau durch und lebte teilweise von der Sozialhilfe. Währenddessen versuchte sie künstlerisch wieder auf die Beine zu kommen. Tina wußte, daß ihre einzige Chance nach wie vor in der Musik lag, denn als Entertainerin war sie – trotz allem – in eine gute Schule gegangen. „Ike war schon ein fantastischer Musiker. Er konnte das Publikum zur Raserei bringen", gab Tina gern zu. Mit Hilfe einiger Freunde stellte sie eine eigene Show zusammen und tingelte damit wenig erfolgreich als eine unter vielen Show-Nummern durch die Lande, trat in winzigen Clubs vor desinteressiertem Publikum auf, unterhielt auf Betriebsfesten angeheiterte Mittelstandsangestellte und gastierte einmal sogar bei einer Party für die Angestellten des Hamburger-Konzerns McDonald's. Langsam arbeitete sich die einstige Pop-Queen in größere Clubs vor, doch die Veranstalter trauten sich nicht so richtig an den abgestürzten Star heran. „Ich hatte keinen Plattenvertrag, und das war ausschlaggebend", erzählte Tina Bart Mills. „Anfangs wollten die Promoter nicht mal mit mir reden." Einzig in Europa, wo sich die Fans noch an die Erfolge der Turners in den britischen Charts erinnerten, fand Tinas Solo-Show echte Fans vor. Trotzdem schien es, als würde Tina ein Comeback mit all den Schulden und privaten Verpflichtungen, die sie jetzt hatte, nicht schaffen. Doch ihre neu gewonnene Freiheit wollte sie nicht mehr aufgeben. „Ich lasse mir nicht mehr sagen, was ich zu tun, anzuziehen und zu singen habe", sagte sie.

Tina ließ sich nicht entmutigen und organisierte eine Europatour. Die Medien waren gespannt auf das Ereignis. Für sie war Tina immer noch die eine Hälfte von Ike & Tina Turner, und man wollte sehen, was die Lady, die bis dato immer das Sexkätzchen gewesen war und nur als optisches Aushängeschild der Show gegolten hatte, musikalisch zu bieten hatte. Nicht gerade ein vielversprechender Start für Tina, doch sie machte das Beste daraus. Und die Kritiker waren sich einig: Die Turner singt schon nicht schlecht, aber das Heißeste an ihr sind nach wie vor ihre Shows. Tina blieb bei den Glitzerkleidern, den Stöckelschuhen, Perücken und wilden Tänzen. Nur achtete sie jetzt darauf, daß das Ganze mehr Stil hatte. Sie verzichtete auf obszöne Andeutungen, und statt der knappen Tigerröckchen, die Ike ihr gegeben hatte, trug sie jetzt teure Designermodelle von Bob Mackie. Sexy, aber mit Stil, so lautete ihre Devise. Statt der Ikettes begleitete sie nun eine weiß-schwarz gemischte Gruppe aus männlichen und weiblichen Tänzern und Sängern. Wie gewohnt sang Tina fast ausschließlich Cover-Versionen von vielen anderen, berühmten Künstlern und Songs aus dem Repertoire der Ike & Tina Turner Revue. Ob mit Federboa, bodenlangem Paillettenkleid, Perlen-Mini, engen Lederhosen oder nur im schwarzen Korsett – Tina war immer noch eine Show. Doch der Erfolg ihrer Live-Auftritte konnte ihr den Erfolg auf lange Sicht nicht garantieren. 1978 versuchte sie Lee Kramer für sich zu gewinnen, der Olivia Newton-John zur Karriere verholfen hatte. Aber der lehnte ab. Durch ihn lernte Tina jedoch den jungen australischen Promoter Roger Davies kennen, der damals auch versuchte, in der US-Szene Fuß zu fassen. Der Assistent von Kramer war begeistert von Tina. Ihre Show, ihre Band und auch ihren Chor fand er jedoch eher mittelmäßig. Die beiden taten sich zusammen, Davies gestaltete Tinas Band um und übernahm ihr Management. Er brachte sie in größeren Clubs und zweitklassigen

OK
NO
OK

Las-Vegas-Shows unter. Damals wußte Davies noch nicht, was für einen Goldfisch er da an der Angel hatte, doch sein unermüdliches Engagement für seinen neuen Star zahlte sich später aus – Roger Davies ist noch heute Tina Turners Manager.

Trotz kaum zu verzeichnender Erfolge hielten Tina und ihr neuer Roger an ihrer neuen Linie fest. Noch 1978 erschien Tinas erste LP *Rough*. Mit dem Titel *Vive La Money* konnte sie sogar einen mäßigen Disco-Hit verbuchen, doch so richtig fruchtete der trendige Disco-Sound, auf den sich die Sängerin verlegt hatte, nicht. Die Fans vermißten die typische Mischung aus schwarzem Rhythm & Blues und weißem Rock, die Tina berühmt gemacht hatte. Ihre Auftritte waren jedoch nach wie vor beliebt. Nach einem Konzert in Deutschland hatte ihre technische Crew einen Unfall. Der Lastwagen mit der Ausrüstung prallte auf einer Autobahn in der damaligen DDR in ein Baufahrzeug. Dabei kamen zwei Beifahrer ums Leben. Den Familien stiftete Tina den Erlös ihrer Tournee, der immerhin 50 000 Mark betrug. Das brachte sie zwar wieder in die Presse, doch für einen Erfolg ihrer zweiten LP *Love Explosion*, die 1979 erschien, reichte es wieder nicht. „Verzweifelt versucht sie, dem Image der unersättlichen Tigerin gerecht zu werden", schrieb die Zeitung DIE WELT im April 1979. „Doch zu den großen Entertainern wird Tina Turner wohl nie gehören." Selbst Tinas Kinder standen den Show-Auftritten ihrer Mutter skeptisch gegenüber. Ike junior, Ikes Sohn aus erster Ehe, der selbst unbedingt Musiker werden wollte, sagte zum Beispiel in einem Zeitungsbericht über seine Stiefmutter: „Mit fast 40 Jahren in so heißen Straps und glitzernden Korsetts aufzutreten, das muß doch nicht sein. Fehlt nur noch, daß sie uns einen 20jährigen Liebhaber ins Haus schleppt. Ich schaffe es auch spielend allein, Musiker zu werden." Und eine Kritikerin schrieb: „Es bedrückt einen zu sehen, wie sie Aufmerksamkeit erzwingt, anstatt Achtung zu fordern, wie sie nur ist, was andere von ihr erwarten, anstatt denen ihre Person entgegenzusetzen." Vielleicht wollte sich deshalb der Erfolg bei Tina nicht einstellen. Sie hatte es nach wie vor schwer, sich von der Mentalität zu lösen, die Ike ihr mehr als ein Jahrzehnt eingehämmert hatte. Sie hatte so sehr gelernt, zwischen Tina Turner und Anna Mae Bullock zu unterscheiden, daß sie auf der Bühne prompt in die Sexkatzenrolle verfiel. Doch das sollte sich bald ändern.

„In diesem Alter noch in so heißen Strapsen aufzutreten, das muß doch nicht sein. Als nächstes schleppt sie uns noch einen 20jährigen Liebhaber ins Haus."

Tinas Sohn, Ike jr.

1981 bekam Tinas Karriere etwas Auftrieb. Die alten Beziehungen zu den Rolling Stones wurden wieder aufgewärmt und brachten die Tina-Turner-Show ins Vorprogramm der legendären Nordamerikatour der Stones. Zum Programm gehörte auch ein Duett mit Mick Jagger. Die beiden Rockröhren sangen zusammen *Honky Tonk Woman*. Immerhin brachten diese Auftritte Tinas Manager Roger Davies einen Anruf von Ian Craig Marsh und Martyn Ware aus England ein, die damals nach einigen Charts-Hits mit ihrer Band Heaven 17 auf dem Weg nach oben waren. Mit ihrem Projekt The British Electric Foundation planten die beiden Musiker unter dem Titel Music Of Quality & Distinction eine LP mit ausgesuchten Cover-Versionen von alten Motown-Stars. Inzwischen hat sich das Projekt BEF übrigens zur erfolgreichen Serie entwickelt. Neben Gary Glitter, Paul Jones und Sandie Shaw sollte auch Tina einen Part, den Temptations-Hit *Ball Of Confusion*, singen. Zwar war die trendige Wave-Musik der beiden Briten eigentlich nicht Tinas Musikrichtung, aber sie spielte den Titel trotzdem ein und konnte damit die englischen Fans daran erinnern, daß es Tina Turner noch gab. Der Song wurde ein Hit, und Ware und Marsh wollten unbedingt an Tinas nächster Plattenproduktion beteiligt werden. Nach der Stones-Tour wurde die Turner eingeladen, bei einem Auftritt von Rod Stewart in Los Angeles als Support aufzutreten. Das Konzert wurde weltweit übertragen und sorgte dafür, daß auch in der Musikindustrie wieder Interesse an dem Star der 60er und frühen 70er erwachte. 1982 ergatterte Roger Davies einen Plattenvertrag mit der Firma EMI, bei der Tina Turner heute noch unter Vertrag ist.

Von Ike Turner hörte man unterdessen kaum noch Bemerkenswertes. Nachdem Tina ihn verlassen hatte, verschwand seine Show, ohne den Star, in der Versenkung, und Ike verfiel mehr und mehr seiner Kokainsucht. Anfang 1982 brannte sein Studio in Los Angeles völlig nieder. Um zu Geld zu kommen, verkaufte Ike, der inzwischen wegen diverser Drogendelikte im Gefängnis gesessen hatte, eine Story über sein Eheleben mit Tina an die britische Boulevardzeitung THE SUN. Darin erzählte er, Tina sei lesbisch. Er schob ihr einige Schönheitsoperationen unter und behauptete, Tina trage nur Perücken. „Natürlich tat ich das", gab Tina zu. „Während meiner Zeit mit Ike habe ich mir die Haare so stark gebleicht, daß sie eines Tages ausfielen. Es war schrecklich. Da waren nur noch Büschel übrig. Deshalb habe ich angefangen, Perücken zu tragen. Diese anderen Geschichten sind nicht wahr, aber es hat Ike ja auch niemand geglaubt. Jeder kennt seine Situation, und andere Medien haben diese Geschichten ja auch nicht aufgegriffen."

„Diese Frau, der die Welt zu Füßen liegt, ist nicht meine Tina", maulte Ike nach Tinas fantastischem Comeback als Solokünstlerin. Und genau das war es, was Tina wollte.

ORANGE

Seit mehr als 30 Jahren steht Tina Turner nun schon auf der Bühne – und bis heute hat sie nichts an jugendlichem Temperament und natürlichem Sex-Appeal eingebüßt.

Tina Turner sprach später nicht gerne über die Zeit mit Ike. „Ich habe meine Biographie nur geschrieben, damit ich nicht ständig über diese Jahre ausgefragt werde“, gesteht sie heute. Und doch vergißt Tina nie zu erwähnen, daß ihr Ex-Ehemann auf jeden Fall ein guter Musiker gewesen sei. „Ike Turner war ein Genie“, behauptete sein Saxophonist Eddie Shaw sogar. Und tatsächlich hat dieser Mann, trotz seiner immensen psychischen Probleme, eine entscheidende Rolle in der Entwicklung des amerikanischen Rhythm & Blues gespielt.

Am 5. November 1931 wurde er als Izear Turner jr. in Clarksdale/Mississippi geboren. Sein Vater, Izear Turner senior, war ein strenggläubiger Baptist, der es gar nicht gern sah, daß sein Sohn sich für die „schmutzige“ Musik interessierte, die bei der lokalen Radiostation W-ROX in Clarksdale den ganzen Tag gespielt wurde. Später arbeitete Ike dort als DJ. Seine großen Vorbilder waren Joe Willie Perkins und Sonny Boy Williamson, die Musiker beim legendären Radiosender KEFA in Helena/Arkansas waren, der Radio-DJ B.B. King, der damals beim größten schwarzen Sender WDIA arbeitete und fast eineinhalb Millionen schwarze Zuhörer hatte, und Bluesmusiker Robert Nighthawk. Ike schwatzte seiner Mutter für gute Schulnoten ein Klavier ab, und von diesem Moment an gab es in seinem Leben nichts Wichtigeres mehr als seine Musik. Er lernte Klavierspielen, indem er die Hits aus dem Radio nachspielte. Irgendwie stellte Ike Kontakt zu seinem Vorbild Williamson her und brachte den Pianisten dazu, ihm das Klavierspielen richtig beizubringen. Das Gitarrespielen lernte der Musikfanatiker im Do-it-yourself-Verfahren.

Mit elf Jahren verließ er sein Elternhaus, um in Memphis als Hotelpage zu arbeiten. In den folgenden Jahren hatte Ike zahlreiche Jobs, die jedoch

Gründerjahre: Ike – Der Macher

alle nur das Geld für seine Leidenschaft lieferten: die Musik. Allerdings hatte der junge Ike noch eine weitere Leidenschaft: Frauen. Bereits mit 14 Jahren heiratete er zum ersten Mal. Schon wenige Monate später ließ er sich wieder scheiden, um erneut vor dem Traualtar zu treten. Ike war immerhin 14mal verheiratet. Damals war es ganz einfach, eine Ehe zu schließen. Man ging zu einem Priester, bezahlte fünf Dollar und bekam die Ehepapiere. Ikes Ehen hielten ihn nie davon ab, sich in zwiespältigen Spielhöllen, Bordellen und Clubs aufzuhalten und dort noch weitere Verhältnisse zu haben.

Mit 16 Jahren gründete Ike mit 18 Freunden die Band The Tophatters. Ab und zu durfte er auch bei Sonny Boy Williamson als Gastmusiker mitspielen. Über den Radiosender W-ROX stellte er bald Kontakt zu Sam Phillips in Memphis her. Der spätere Boß der Plattenfirma Sun Records stellte damals sein Studio in Memphis lokalen Bands zur Verfügung. Ikes Tophatters waren inzwischen auf eine gesunde Größe geschrumpft, und sie nannten sich dann The Kings Of Rhythm. Anfang 1951 spielte Ike mit seiner Band in Phillips Studio eine erste Platte ein. Zuerst probierten die jungen Musiker mit Cover-Versionen herum. Jeder durfte ans Mikrophon, und dabei stellte sich heraus, daß der sonst so talentierte Ike nicht gut singen konnte. Deshalb übernahm Saxophonist Jackie Brenston den Gesang. Das erste eigene Stück, das die Kings Of Rhythm einspielten, war *Rocket 88*, ein eingängiger Rhythm & Blues-Song mit kratzigen Gitarrenparts. Die Platte kletterte auf Platz 1 der US-Rhythm & Blues-Charts. Fachleute bezeichnen sie heute als erste Rock'n'Roll-Platte der Musikgeschichte.

Die Band samt Leadsänger ließ Ike wenig später sitzen. Ike wurde vom Fleck weg als Studiomusiker engagiert. Unter anderem arbeitete er für B.B. King, durch den er später auch zu einem Job als Talentsucher für dessen Plattenfirma Modern kam. Bluesmusiker wie Boyd Gilmor oder Charley Booker wurden von Ike entdeckt. 1956 traf er seinen ehemaligen Saxophonisten und Sänger Jackie Brenston wieder. Ike gründete eine neue Band, die er abermals The Kings Of Rhythm nannte. Brenston stieg bei den neuen Kings Of Rhythm wieder mit ein, und die Band sicherte sich ein Fest-Engagement in einem Club in St. Louis, dem Club Manhatten. Die Kings nahmen 18 relativ erfolgreiche Platten auf. Nebenher produzierte Ike für Modern Künstler wie Johnny Wright und Johnny Walker. Doch ein echter Hit gelang ihm weder mit diesen Produktionen noch mit seiner eigenen Band. Als er seinen Plattenvertrag für die Kings Of Rhythm daraufhin verlor, zog er einen Vertrag mit dem inzwischen gegründeten und mit Künstlern wie Jerry Lee Lewis und Johnny Cash sehr erfolgreichen Label Sun Records an Land. Nebenbei veröffentlichte er noch zwei Platten bei einem anderen kleinen Label. Um keinen Ärger zu bekommen, benutzte der clevere Ike dafür das Umkehr-Pseudonym Eki Renrut. Während all dieser Jahre machte sich Ike Turner zwar um den Rhythm & Blues verdient, zu Ruhm und Ehre kam der Musiker jedoch eigentlich mit keiner seiner Produktionen. Doch dann bahnte sich die Lösung in Person von Anna Mae Bullock alias Tina Turner an.

Nach der Scheidung von Tina hörte man lange Zeit nichts von Ike. Ab und zu tauchten nach Tinas Solo-Comeback Berichte über irgendwelche Eskapaden des Musikers auf. 1988 wurde er wegen Drogenbesitzes und Drogenhandels zu einem Jahr Gefängnis verurteilt. Während dieser Zeit begann er, unter dem Titel „My Confessions" (was soviel wie „Meine Beichte" heißt) seine Memoiren zu schreiben. Im Juli 1989 wurde er erneut zu vier Jahren Haft verurteilt, die er in einem kalifornischen Arbeitslager antrat. Noch während er dort einsaß, fanden in Santa Monica weitere Verhandlungen wegen verschiedener Vergehen im Koksrausch statt. 1991 gingen Ike & Tina Turner in die Rock'n'Roll Hall Of Fame in New York ein.

Tina war bereits Ike Turners 14. (!) Ehefrau.

München 1984: „Are you ready for me?" ruft das Energiebündel im kurzen Seidenkleidchen und mit der Löwenmähne in die Menge. Tausendfach tönt es zurück: „Yeah!" Und dann legt Tina los und läßt keinen Zweifel daran, daß sie nicht daran denkt, von der Bühne abzutreten. Noch immer wirbelt sie herum wie ein Derwisch, singt, tanzt, springt, klatscht, turnt ihr Publikum an. Die Presse staunt, schreibt eifrig mit. „Ein Vulkan", „Eine Legende fegt über die Bühne". Tina hat es geschafft – und das merkt man ihr an. Temperamentvoller als je zuvor tobt die Mittvierzigerin über die Bühne. Mal in Jeans und Karo-Hemd, mal im kleinen Schwarzen, mal in einem seidenen Nichts, aber immer natürlich, fröhlich, unbeschwert. Das überwiegend junge Publikum kann sich nicht vorstellen, daß ihr Idol noch vor wenigen Jahren ein Sexshow-Star war. Die älteren Konzertbesucher sind erstaunt, aber begeistert. „Do you feel good?" ruft Tina Turner. „Yeah!" schreien die Fans und klatschen sich die Hände wund.

Aufbaujahre: Tina schafft den Durchbruch

Mit Roger Davies baute Tina Turner ihre Karriere systematisch wieder auf. Davies wußte, daß die Musikindustrie wieder für TT begeistert werden konnte, wenn sie erst einmal das Image des gescheiterten Cabaret-Stars abgeschüttelt hatte. Nachdem er zunächst verschiedene Shows und Auftritte in größeren Clubs für sie auf die Beine gestellt hatte, produzierte er 1980 mit ihr das Album *Rough*, das jedoch ein Flop wurde. Dennoch gab das Gespann nicht auf, und 1982 zog Davies schließlich einen Plattenvertrag für seinen neuen Star an Land. Dabei konnte er es sich zunutze machen, daß der Produzent von Capitol Records (EMI), John Carter, ein Tina-Turner-Fan war. Er glaubte an die Devise „Einmal ein Star, immer ein Star" und setzte sich für Tina ein. Später wirkte er übrigens auch an der Produktion ihrer Songs *Private Dancer* und *Steel Claw* mit. Mit John Carter im Rücken organisierte Roger Davies eine Reihe von Tina-Turner-Shows im New Yorker Ritz, zu denen er reichlich Prominenz einlud.

Zu dieser Zeit bekam Tinas Plattenfirma ein neues Management, das von den Verträgen mit dem vergessenen Star nicht gerade begeistert war. Vielmehr war man daran interessiert, David Bowie, der damals wieder einige Charts-Hits in Folge gelandet hatte, von seiner alten Plattenfirma loszueisen und zu EMI zu holen. Nach einer eigens für die Plattenbosse veranstalteten Listening-Session für sein neues Album *Let's Dance* sagte Bowie, er müsse nun leider gehen, um die Show seiner Lieblingssängerin Tina Turner im Ritz nicht zu verpassen. Die EMI-Bosse begleiteten Bowie daraufhin zu der Show und waren von Tinas Live-Präsenz überwältigt. Von da an war der Plattenvertrag mit TT in England wasserdicht. In Amerika, wo Tina längst nicht mehr so beliebt war wie bei den Briten, sah die Sache ganz anders aus. Doch auch hier kam ihr ein berühmter Kollege zu Hilfe: Auch

Rod Stewart sah die Turner im Ritz und lud sie ein, bei seinem Auftritt in der Saturday Night Live-Show ein Duett mit ihm zu singen. Gesagt, getan. Tina und Rod Stewart röhrten zusammen Stewarts Hit *Hot Legs*. Der Auftritt war so spektakulär, daß Tina plötzlich Gesprächsthema Nummer eins in der amerikanischen Musikszene war. Es wurde sogar über eine gemeinsame LP der beiden Rockröhren gemunkelt. Schließlich lud Rod Stewart Tina ein, bei einem großen Konzert in Los Angeles mit ihm aufzutreten. Das Konzert wurde weltweit übertragen und heizte das neuerwachte Interesse an Tina Turner zusätzlich an.

Mit den Produzenten Ian Craig Marsh und Martyn Ware, mit denen sie ja ein Jahr zuvor den Temptations-Song *Ball Of Confusion* für deren Remake-Album *Music Of Quality And Distinction* eingespielt hatte, nahm Tina eine Cover-Version des Al-Green-Songs *Let's Stay Together* auf. Diese erste Platte unter dem neuen Label wurde prompt ein Hit. Zwar wurden auch jetzt wieder Unkenrufe all derer laut, die Tina lieber wieder in der Rolle der sexy R&B-Shouterin sehen wollten und mit dem neuen poppig-gefühlvollen Outfit ihres Songs nichts anfangen konnten, doch in England, wo Tina zu dieser Zeit auch einige Auftritte absolvierte, gelangte die Ballade auf Platz fünf der Charts. In Amerika schaffte der Song immerhin Rang 26. Schnell wurden alle Vorbereitungen für ein Tina-Turner-Album getroffen. Ein hochkarätiges Team von Songschreibern und Produzenten wurde engagiert. „Wenn ich singen, tanzen und Songs schreiben könnte, wäre ich perfekt, aber das bin ich nicht", sagt Tina heute. „Meine Talente liegen woanders."

Tinas Aufgabe war es, den Songs durch ihre außergewöhnliche Stimme das gewisse Etwas zu verleihen und sie durch ihre charismatischen Live-Auftritte zu unvergeßlichen Hits werden zu lassen. Anfangs hatte sie dabei noch mit dem Image des sexsprühenden, schwarzen Showgirls zu kämpfen, das Ike ihr geschaffen hatte, doch bald traute sie sich, in der Öffentlichkeit zuzugeben: „Ich bin in Wirklichkeit überhaupt nicht wild. Ich bin keine laute, unbändige Frau. So trete ich nur auf der Bühne auf, aber mein anderes Ich mag ich eigentlich lieber. Ich habe aber inzwischen akzeptiert, daß das nun mal zu meiner Bühnenidentität gehört." Auch wollte sich Tina vom Image der Rhythm & Blues-Sängerin lösen. Diese Stilrichtung war eindeutig Ikes Domäne gewesen. Schon bei ihrer Vorliebe für *Proud Mary* oder die Songs der Stones bewies Tina einen Geschmack, der eher in die kommerzielle Richtung weißer Musik ging. Mit *Private Dancer* schaffte sie es schließlich, ihr wildes Bühnenimage mit der Natürlichkeit ihrer eigenen Persönlichkeit und ihre schwarzen musikalischen Wurzeln mit den europäischen Sounds zu mischen, die sie selbst mochte. Daß das Album ausgerechnet in England und mit englischen Produzenten entstand, hing nicht nur damit zusammen, daß die Engländer schon in den 70er Jahren Tinas dankbarstes Publikum gewesen waren, sondern auch damit, daß die Amerikaner viel schwerer von Tinas Image als R&B-Queen abzubringen waren. Man hatte ihr in den USA schon vorher einen Plattenver-

„Ich bin in Wirklichkeit überhaupt nicht wild. Ich bin keine laute, unbändige Frau. So trete ich nur auf der Bühne auf, aber mein anderes Ich mag ich eigentlich lieber. Ich habe aber inzwischen akzeptiert, daß das nun mal zu meiner Bühnenidentität gehört."

Tina Turner

trag angeboten, doch sie hatte abgelehnt, weil man sie nur Rhythm & Blues singen lassen wollte.

„Alle dachten, ich sei eine Tänzerin", sagte Tina später. Mit der LP *Private Dancer* wollte ich beweisen, daß ich auch singen kann." Für dieses Album wurden unter anderem Rupert Hine und Terry Britten als Songschreiber engagiert. Rupert Hine hatte sich während der 70er Jahre als Allround-Musiker mit eigenen Platten einen Namen gemacht. Er spielte auch als Gastmusiker bei Gruppen wie Camel, bei der übrigens Phil Collins am Schlagzeug saß, bei Caravan, wo Hine den Synthesizer spielte, bei Robert Palmer, wo er Keyboarder war, oder bei Chris de Burgh, bei dem er wiederum den Synthesizer bediente. Terry Britten hatte in den 70ern für Musiker wie Brian Bennett, Tony Cole, Mike Hugg und später für Frankie Miller und als Gitarrist für Cliff Richard gearbeitet. Er schrieb *What's Love Got To Do With It*, das sich später ganze 16 Wochen auf Platz 3 der britischen Charts hielt. „Ich wollte dieses Lied erst gar nicht singen, weil ich nicht sicher war, ob es zu mir paßte", gibt Tina zu. „Natürlich bin ich froh, daß ich es doch getan habe." Der Song brachte der bis dahin beinahe aufgegebenen Künstlerin gleich drei Grammys für den Song des Jahres, die Platte des Jahres und die beste Popaufnahme einer Sängerin ein. Rupert Hines *I Might Have Been Queen* gefiel Tina besonders gut. „Dieser Mann kannte mich kaum und hatte mit diesem Lied doch einen Teil von mir zum Ausdruck gebracht", erzählte Tina in einem Interview. „Ich mußte weinen, als ich es zum ersten Mal hörte." Viele der Texte, die man für Tina schrieb, waren an ihr Leben angelehnt, denn statt ihre nicht immer rosige Vergangenheit zu verdrängen, machte Tina eine Tugend aus ihren schweren Zeiten. Sie verkörperte die Frau, die sich von ihrem Peiniger befreit hatte und aus eigener Kraft wieder ganz nach oben gekommen war. Mit diesem Image sollte ihr auch der Erfolg in den USA nicht länger verwehrt bleiben, denn die Geschichte vom Underdog, der mit nichts anfängt und ganz groß herauskommt, ist eine uramerikanische Geschichte. *I Might Have Been Queen*, das vom Soul Survivor und dem namenlosen Mädchen auf der Plantage handelt, oder *Better Be Good To Me* tragen eindeutig biographische Züge. Der Titelsong *Private Dancer* stammt aus der Feder von Mark Knopfler, der schon mit Bob Dylan und Van Morrison zusammengearbeitet hatte und durch die Dire Straits zu Starruhm gelangt war. *Private Dancer* rangierte wochenlang in sämtlichen Hitlisten, vor allem in Europa.

Auf dem Album fanden sich auch einige Cover-Versionen, wie zum Beispiel ein fantastisches Remake des Beatles-Songs *Help*, das auf Anhieb in die britischen Charts einstieg, oder *1984* aus dem Repertoire von David Bowie. Die Produktion der LP übernahmen wieder Martyn Ware und Greg Walsh, außerdem mischten Rupert Hine, Terry Britten und natürlich John Carter mit. Für die Gitarrensoli auf *Private Dancer* engagierte Carter Jeff Beck, als er ihn bei einem von

Tinas Konzerten in England im Publikum entdeckte. Jeff Beck war durch seine Zusammenarbeit mit einer aufsehenerregenden Reihe bekannter Stars längst zur Legende geworden. Er arbeitete unter anderem mit den Yardbirds, Stevie Wonder, Narada Michael Walden, Steve Winwood, Diana Ross, Cozy Powell und Donovan zusammen. Das Album *Private Dancer* landete in den USA auf Platz drei der LP-Charts und in England sogar auf Platz zwei. Die Aufnahmen begannen direkt nach Tinas Europatour und dauerten nur runde zwei Wochen. „Mehr Zeit ließ man ihr nicht, aber Tina ist absolut professionell. Es klappte jeder Song immer beim ersten Mal", schwärmte Produzent John Carter von den Aufnahmen. Danach gönnte sich Tina keine Ruhepause. Sie tourte durch England und trat im Vorprogramm von Lionel Ritchies Can't Slow Down-Tour auf. Während dieser Tour erreichte *What's Love Got To Do With It* die Spitzenposition der US-Charts, wo sich der Song allerdings nur drei Wochen hielt. Trotzdem war der Verkauf von einer runden Million Exemplare der bisher größte Erfolg in Tina Turners Karriere. Ende 1984 hatte sich *Private Dancer* runde zehn millionenmal verkauft. „Ein Meilenstein in der Geschichte der Popmusik!" jubelte die renommierte New York Times. Damit hatte Tina Turner ihr Comeback in die Rockwelt endgültig geschafft. *Private Dancer* wurde gar als das spektakulärste Comeback des Jahrzehnts gefeiert. Sämtliche Single-Auskopplungen fanden den Weg in die oberen Charts-Ränge: *What's Love Got To Do With It* landete auf Platz eins der amerikanischen Billboard-Charts, *Better Be Good To Me* erreichte Platz fünf und *Private Dancer* Rang sieben. „Wieso Comeback?" fragte Tina damals in einem Interview mit der Musik Szene. „Ich habe schließlich nie meinen Rücktritt bekanntgegeben und mich zur Ruhe gesetzt. Sicher, der plötzliche, riesige Erfolg kam auch für mich überraschend, weil ich ihn nicht durch Kom-

promisse erreicht habe. Erst nach dem Erfolg von *Let's Stay Together* habe ich beschlossen, das Album zu machen." Nach dem sämliche Rekorde brechenden Erfolg von *Private Dancer* wurde Tina Turner, inzwischen 46 Jahre alt, mit Preisen überschüttet: 1985 erhielt sie den Preis der amerikanischen Musikpresse als beste schwarze Sängerin und kassierte drei Grammys: für die LP des Jahres (*Private Dancer*), den besten Auftritt einer Popsängerin (für *What's Love Got To Do With It*) und als beste Rocksängerin (für *Better Be Good To Me*).

Damit ließ die neue Heldin der Musikszene sogar Superstar Michael Jackson, der noch im Vorjahr mit acht Grammys dekoriert worden war, weit hinter sich. Jacko konnte diesmal nur einen der begehrten Preise für sein Video „Making Michael Jackson's Thriller" mit nach Hause nehmen.

In einer Zeit, in der es von coolen, technischen Synthie-Produktionen einer elektronisch begeisterten New-Wave-Generation von Musikern nur so wimmelte, konnte Tinas Album gar nicht daneben liegen, denn es hatte etwas, was der Musikszene damals abging: Emotionen. Tina war überglücklich: „Endlich gehöre ich wieder dazu." Und wie TT wieder dazugehörte. Im Gegensatz zu anderen Chart-Breakern, die aus dem Nichts auftauchen, kam Tina jetzt ihre Vergangenheit, die ihr während der letzten fast zehn mageren Jahre wie ein Klotz am Bein gehangen hatte, zugute. Statt als One-Hit-Newcomer wurde sie nach dem Erfolg von *Private Dancer* nun als Superstar gehandelt. Sie trat im Januar 1985 mit AC/DC, Whitesnake, Queen und Rod Stewart beim legendären Rock in Rio auf und nutzte ihre neue Popularität, um beim Projekt Band Aid, USA For Africa mitzuwirken. Dabei spielten mehr als 40 amerikanische Musiker gemeinsam den Song *We Are The World* ein. Der Erlös des Hits, mehrere Millionen Dollar, wurde den hungernden Menschen in Afrika gespendet. Die Aktion, die von Musiker Bob Geldof geplant und organisiert wurde, wurde später in anderen Ländern kopiert. Beim anschließenden Live-Aid-Konzert stand Tina natürlich auch auf der Bühne. Und ihr Duett mit Mick Jagger war der Höhepunkt der Show.

Tina war plötzlich der Liebling der Medien. Die Kritiker bezeichneten sie als „die am härtesten arbeitende Frau in der Rockmusik". Die Presse titelte: „Sexy Königin der Rockmusik" (NEWSWEEK), „heißeste Show-Nummer auf drei Kontinenten" (ROLLING STONE) oder „Top-Frau der 80er Jahre" (MCCALLS). Für die Emanzipationsbewegung, damals gerade in vollem

Gange, war Tina Turner, die sich aus der Unterdrückung ihres Ehemanns befreit, allein vier Kinder großgezogen hatte und nebenbei auch noch ein Weltstar geworden war, das perfekte Aushängeschild, die Vorzeigefrau der 80er Jahre sozusagen. „Ich kümmere mich nicht mehr um die Etiketten, die man mir ankleben will", erzählte Tina 1985 dem STERN. „Ich habe aufgehört zu tun, was alle Welt von mir erwartet. Ich treffe Entscheidungen für mich, nicht für andere."

Und doch hatte Tina ihre eigene, kleine Emanzipation von Ikes willenloser Marionette zur selbstbewußten, eigenständigen Frau für sich vollzogen. „Ich habe mich verändert", sagte sie 1985 zu Bart Mills. „Aber die Welt hat sich auch verändert. Nicht nur die Frauen sind selbständiger geworden, auch die Mentalität der Männer hat sich geändert. Wir Frauen fühlen uns wie neu geboren. Ich könnte nie so wie meine Mutter sein. Wir können nicht so leben wie bisher. Alles muß sich ändern. Ich bewundere Frauen wie Jackie Kennedy Onassis. Sie steht für mich über allen Frauen. Ich liebe sie für ihr Leben, ihre Kraft, ihre Bildung, für alles." Natürlich wurden die alten Geschichten um Tinas Beziehung zu Ike mit ihrer plötzlichen Popularität wieder aufgewärmt. Es wurde eine Menge schmutzige Wäsche gewaschen, aber Tina bewahrte sich ihre Distanz. Sie gab zwar über alles bereitwillig Auskunft, beteiligte sich aber nicht an Hetzkampagnen gegen Ike und ging nicht auf seine wüsten Geschichten ein, die ihr finanziell und psychisch ruinierter Ex-Mann der Presse erzählte. Sie hatte es geschafft, sich einen absolut dichten Panzer aus Professionalität, Liebenswürdigkeit und Selbstsicherheit zuzulegen.

„Ich habe mich verändert, aber die Welt hat sich auch verändert. Nicht nur die Frauen sind selbständiger geworden, auch die Mentalität der Männer hat sich geändert. Wir Frauen fühlen uns wie neu geboren. Ich könnte nie so wie meine Mutter sein. Wir können nicht so leben wie bisher. Alles muß sich ändern. Ich bewundere Frauen wie Jackie Kennedy Onassis. Sie steht für mich über allen Frauen. Ich liebe sie für ihr Leben, ihre Kraft, ihre Bildung, für alles."

Tina Turner

Mit* Private Dancer *konnte Tina endlich an die Erfolge der 70er Jahre anknüpfen.

Tina genoß ihr neues Leben als Single sichtlich. Und doch: „Ich genieße es zwar, allein zu sein, ziehe mich gerne in mein Haus in L.A. zurück, höre Beethoven, gieße meine Blumen und spiele mit meiner Katze, trotzdem möchte ich nicht für immer allein bleiben. Ich suche einen Lebenspartner“, erzählte Tina dem Stern. „Ich fühle mich da wie ein Teenager, denn vor Ike gab es nur zwei andere Jungen in meinem Leben, und ich lerne jetzt erst über die Männer.“ In bezug auf ihre Karriere konnte ihr jedoch niemand mehr etwas vormachen. Die Fans strömten zu Tausenden in ihre Konzerte, Verleger boten ihr Millionen für ihre Lebensgeschichte. Für ihre Biographie „I, Tina“ kassierte sie 1985 allein 1,2 Millionen Dollar Vorschuß. Frauenzeitschriften rätselten über das Rezept, mit dem sich die 46jährige Frau so jung und dynamisch gehalten hatte. „Da ich eitel bin, freue ich mich über solche Komplimente schon“, gestand Tina dem Stern. „Aber was erwarten die Leute? Ich bin doch keine Mumie, sondern eine Frau in den mittleren Jahren, so wie Mick Jagger ein Mann in den mittleren Jahren ist. Bei dem wundert sich niemand.“

Auch Tinas alte Plattenfirmen wollten natürlich auf den fahrenden Erfolgszug aufspringen. Schnell veröffentlichte die Metronome 1985 unter dem Titel *Mini* eine Platte mit fünf Songs aus den frühen 80ern. *Shame, Shame, Shame*, *Lean On Me*, *Only Women Bleed*, *Philadelphia Freedom* und *Use Me* waren darauf zu hören. Auch Tinas Filmerfolg Mitte der 70er Jahre in „Tommy” wurde wieder ausgegraben. Tina war das recht, denn ihre Ambitionen für die Zukunft gingen eindeutig in Richtung Leinwand. Sie wollte das spielen, was sie endlich geworden war – eine starke Frau. Am liebsten in einem Spionagestreifen oder einem Western, verriet sie dem Stern. Schon kurze Zeit später, im Juni 1985, bekam Tina ein Filmangebot. Sie sollte in „Mad Max III – Beyond The Thunderdome“ die Ge-

genspielerin von Mel „Mad Max" Gibson darstellen. Das Drehbuch zu dem futuristischen Action-Spektakel las sie während ihrer erfolgreichen Europatournee. Insgesamt 60 ausverkaufte Termine hatte Tina zu bestreiten. Aus den sieben geplanten Auftritten in Deutschland wurden schließlich 30. Während ihres Aufenthalts in Deutschland erkrankte sie zwar an Grippe und mußte kurz pausieren, doch alle Konzerte wurden nachgeholt und Tina begeisterte frisch erholt ganze Massen von Zuschauern. Nebenbei fand sie auch noch Zeit, um für den Soundtrack zu „Mad Max III" den Song *We Don't Need Another Hero* einzuspielen. Das Stück landete auf Platz 2 der US-Charts und belegte in England Platz 3. Daraufhin wurde ein weiterer Song aus dem Soundtrack ausgekoppelt. Der Holly-Knight-Song *One Of The Living* stieg ebenfalls in England und Amerika in die Charts ein.

Im November lernte Tina den kanadischen Rocksänger Bryan Adams kennen. Adams hatte gerade mit der Hymne *Summer Of '69* einen weltweiten Hit gelandet. Mit ihm spielte Tina das Duett *It's Only Love* ein, das prompt auf Platz 15 der US-Charts und Platz 29 der britischen Charts kam. „Ich hatte schon seit Jahren versucht, mal einen Song für sie zu schreiben, aber aus verschiedenen Gründen kamen wir nie zusammen", erzählte Adams. „Als ich dann während einer Session mit Jim (Vallance, Anm. d. Autorin) *It's Only Love* geschrieben hatte und merkte, daß das gewisse Etwas noch fehlte, versuchte ich wieder, Tina als Gastsängerin ins Studio zu kriegen, und es hat geklappt." Bryan Adams begleitete sein Idol auch teilweise auf Tinas Europatour. Sie überraschte ihre Fans noch mit weiterer Rockprominenz vom Feinsten. In England kam David Bowie als Gaststar auf die Bühne. Die Duette *Tonight* und Bowies *Let's Dance* gerieten zu umjubelten Wunderkerzen-Hymnen. Bowie: „Dort oben

Tina Turner und ihre Duett-Partner. Bryan Adams: „Diese Frau arbeitet verdammt hart, und sie meint jedes Wort so, wie sie es sagt. Und wenn sie sich um etwas kümmert, dann klappt es auch. Sie ist die Beste – absolut. Eine, die kämpfen kann, wenn es hart auf hart geht." Und David Bowie, der ebenfalls einmal mit ihr auftrat, schwärmte hinterher: „Dort oben neben Tina auf der Bühne zu stehen, das war für mich der heißeste Platz im ganzen Universum."

Tina & Bryan Adams
Tina & Mick Jagger
Tina & Elton John

auf der Bühne direkt neben ihr zu stehen, das war für mich der heißeste Platz im ganzen Universum." Und Bryan Adams erinnerte sich später an seine erste Begegnung mit Tina: „Ich bin mal nach einem Konzert von ihr in ihre Garderobe gegangen und habe gesagt: ‚Hi, ich bin Bryan Adams. Ich liebe deine Art zu singen. Mein Name wird dir nichts sagen, ich bin nur ein Fan von dir, aber ich habe einen Song für dich geschrieben, und ich möchte, daß du ihn singst.' Aber sie hatte wohl keine Lust, sich nach dem Konzert von mir nerven zu lassen... Jedenfalls habe ich noch lange nicht aufgegeben, und jetzt hat sie doch noch einen Song von mir gesungen. Diese Frau arbeitet verdammt hart, und sie meint jedes Wort so, wie sie es sagt. Und wenn sie sich um etwas kümmert, dann klappt es auch. Sie ist die Beste – absolut. Eine, die kämpfen kann, wenn es hart auf hart geht."

Das Jahr 1985 endete für Tina genauso, wie es begonnen hatte – mit einer Auszeichnung: Sie erhielt einen Preis als beste Schauspielerin für ihre Rolle in „Mad Max Beyond The Thunderdome". Unter der Regie von George Miller war der Streifen im November in Australien gedreht worden. Hauptdarsteller war Mel Gibson, der sich durch die Rolle des Mad Max den Ruf des charismatischsten Action-Helden seit Clint Eastwood geschaffen hatte. Der Film selbst hatte sich mittlerweile zum Kultfilm einer ganzen Generation futuristisch gestimmter Jugendlicher gemausert. Die Story war einfach: Ein Cop will sich an den Mördern seiner Frau und seines Kindes rächen. Den dritten Teil des Heldenepos sollte es eigentlich gar nicht geben, aber schließlich siegten die Einspielsummen. Die Idee für eine Fortsetzung entstand in weniger als 90 Minuten: Eine Horde wilder Kinder lebt seit einem Flugzeugunglück unter einer Wüste am Ende eines wunderschönen, tropischen Tales namens Crack. Sie warten noch immer auf Captain Walker, den Piloten, der loszog, um Hilfe

zu holen. Auch Mad Max hat es in die Wüste verschlagen. Als er durch Zufall von den Kindern entdeckt wird, glauben diese, er sei Walker, der endlich wiedergekommen sei und sie jetzt mitnehmen werde. Mad Max, gezeichnet von den harten Jahren zuvor, kommt das unterirdische Tal wie ein Paradies vor. Er versteht nicht, warum die Kinder weg wollen. Doch bald macht er Bekanntschaft mit der tyrannischen Aunty Entity, die die Herrschaft über das Tal übernommen hat. „Ich bin vielleicht nicht überwältigend, aber ich bin gut genug, um diese Rolle zu spielen", sagte Tina über den Part der Aunty Entity. „Das Training, das ich von George bekomme, ist erstklassig, und die Rolle paßt zu mir. Es ist die perfekte Fortsetzung meines Bühnenimages. Außerdem ist es die beste Rolle, die ich bekommen kann, und ich möchte nun mal schauspielern." Und Regisseur George Miller erzählte: „Wir waren nachsichtig mit ihr, denn schließlich muß es genauso schwer sein, plötzlich vor der Kamera zu stehen, wie es für einen Schauspieler schwer wäre, ein Rockkonzert zu geben. Deshalb bot ich ihr einige Workshops an. Das Faszinierende war die Art, wie sie lernte – mit Begeisterung. Sie saugte alles förmlich in sich auf." Nach diesem Film erhielt Tina ein Angebot von Jung-Regisseur Steven Spielberg, in seinem Film „Die Farbe Lila" eine Hauptrolle zu übernehmen. Tina lehnte ab, und zwar gleich dreimal, denn Spielberg wollte seinen Traum nicht gleich aufgeben. „Ich habe das alles selbst erlebt", begründete Tina ihre Absage. „Einmal Hölle reicht mir. Außerdem faszinieren mich eher diese irrealen Figuren wie eben in ‚Mad Max' oder vielleicht ein weiblicher Conan." Tinas besonderes Interesse am Film ist wohl darauf zurückzuführen, daß ihr Image als Sängerin heute ganz auf ihre natürlichen Eigenschaften aufgebaut ist: Tina ist nicht der laszive Vamp, sondern eher die natürlich-erotische Kumpelfrau. Ihre oft gerühmte Ausstrahlung erklärt sie sich so: „Wenn ich auf der

Tina Turners erste Filmrolle: Als machtbesessene Herrscherin glänzte sie in „Mad Max III – Beyond The Thunderdome".

Bühne singe, tanze und schwitze, sieht mein Gesicht fürchterlich aus. Ich habe mich immer gewundert, daß die Leute so etwas gut finden. Ich bin nicht schön im Sinne von Illustrierten-Beauties, aber ich verfüge über gewisse Attribute, die für mich arbeiten. Diese vielen, kleinen Dinge zusammen machen meine Wirkung aus." Auf der Leinwand kann Tina, die um ihres Erfolgs willen immer so sehr sie selbst sein muß, in andere, weniger durchsichtige Rollen schlüpfen. „Ich bin mein Leben lang ich selbst gewesen. Tina bleibt Tina", erzählte Tina denn auch in einem Interview. „Im Film kann ich zur Bestie werden, zum Monster, zur Tyrannin oder zu irgendeiner Phantasiefigur."

Nach dem Erfolg von *Private Dancer*, mit dem Tina allein in den USA inzwischen vierfachen Platinstatus erreicht hatte, drängte die Plattenfirma zur Produktion einer neuen LP. Eine weise Entscheidung: Das Album *Break Every Rule* und die anschließende gigantische Europatour übertrafen sämtliche Erwartungen. Die ersten Aufnahmen fanden noch während der letzten Etappe von Tinas Tour in Paris statt. Im Studio in London versammelte sich anschließend wieder das gleiche Produktionsteam wie schon bei *Private Dancer*. Die meisten Songs stammten diesmal aus der Feder von Terry Britten, der der Sängerin Songs wie *Typical Male*, *What You Get Is What You See*, *Till The Right Man Comes Along*, *Afterglow*, auf dem Steve Winwood übrigens ein beeindruckendes Synthesizersolo abliefert, oder *Two People* auf den Leib schrieb. Bei all diesen Songs spielte Britten auch selbst Gitarre, Baß und oft sogar Schlagzeug. Sie wurden in Paris eingesungen und von John Hudsons bewährter Hand im Londoner Mayfair Studio abgemischt. Auf Tinas Wunsch hin entfernten sich die Stücke auf *Break Every Rule* noch mehr von den schwarzen R&B-Sounds vergangener Zeiten. Einzig Tinas Stimme, die durch die poppig-leichten Arrangements noch besser und kraftvoller zur Geltung kam, verlieh den Songs noch den gewohnten Soul. Auch wurden die Lieder auf *Break Every Rule* ruhiger. Zwar verzichteten Britten und die anderen Produzenten nie auf Synthesizer und trendige Dance-Sounds, doch die Songs waren längst nicht mehr so opulent instrumentiert wie früher.

Auch Bryan Adams steuerte wieder einen Song zu dem Album bei. *Back Where You Started* trägt starke biographische Züge, ist der Abgesang einer Frau, die sich von ihrem gefühllosen Mann getrennt hat und jetzt mit ihm abgeschlossen hat. „Du hast mich belogen und betrogen", singt Tina. „Aber ich habe keine Angst vor den Dingen, die mich im Leben noch erwarten." Der Song trägt ganz eindeutig Bryan Adams Handschrift, ist sehr viel rockiger als die Britten-Songs, und natürlich hat Adams die Gitarre für *Back Where You Started* von Terry Britten übernommen. Sogar David Bowie ließ es sich nicht nehmen, wieder einen Song für Tina zu schreiben. Wie vom Meister des kühlen Pop nicht anders zu erwarten, ist Girls eine zurückgenommene, ungewöhnlich ruhige, klare Pop-Nummer, die Bowies typischen androgynen Charme mit Tinas warmer Stimme mischt. Leider brachte dieses Stück es nie zu dem Ruhm der restlichen Songs auf *Break Every Rule*. Den zweiten Teil des Albums produzierte fast ausnahmslos wieder Rupert Hine. Er schrieb auch den Titelsong *Break Every Rule*, der genau wie *I'll Be Thunder*, fast ausschließlich am Computer entstanden und nicht besonders aufsehenerregend arrangiert ist. *I'll Be Thunder* ist eine der seltenen echten Rockballaden in Tinas Repertoire. Auch Mark Knopfler war wieder mit von der Partie: Er schrieb für Tina *Overnight Sensation*. Gleich am Anfang des Songs hört man deutlich einen typischen Knopfler-Gitarrenpart von ihm selbst gespielt. Der Song handelt von dem klassischen Über-Nacht-Erfolg eines Rocksängers, der jahrelang vergeblich versucht hat, in den Charts zu landen. Ein Text, der nicht nur auf Tinas Karriere paßt. Als Schlagzeuger konnte Phil Collins gewonnen werden. Schließlich enthält *Break Every Rule* eine sehr soulige, eingängige Ballade von Paul Brady, *Paradise Is Here*, für die Mark Knopfler noch einmal zur Gitarre griff. Das Saxophonsolo stammt übrigens von Branford Marsalis. Trotz der vielen Hände, die an dem Album beteiligt waren, ist *Break Every Rule* eine runde, stimmige Platte, die viele Seiten von Tinas Gesangstalent zeigt.

Das neue Album der „First Lady Of Rock", wie Tina inzwischen betitelt wurde, wurde von Kritik und Fans gleichermaßen mit Spannung erwartet. Konnte TT an den Erfolg ihres *Private Dancer*-Albums anknüpfen? Sie konnte. Die Single-Vorauskopplung *Typical Male* erreichte in den USA Platz zwei der Charts und landete in England immerhin auf Rang 33. Die Nachfolge-Single *Break Every Rule* erreichte dort Platz zwei. Das Album rangierte auf Platz vier der US-Album-Charts und wurde mit mehr als einer Million verkaufter Exemplare mit Platin veredelt. Auch der Song *Two People* stieg Anfang 1987 in die amerikanischen und britischen Charts ein.

In dem Video zum Album interpretierte TT nicht nur Songs aus der aktuellen LP, sondern auch eine Reihe von Klassikern aus den 60er Jahren, wie Sam Cookes *A Change Is Gonna Come*, bei dem sie von Robert Cray an der Gitarre begleitet wurde. Bei Robert Palmers *Addicted To Love*, das heute fast schon zu Tinas eigenen Klassikern gehört und das während ihrer Welttour in Amerika

noch einmal Rang 71 der britischen Charts erreichte, sang der Musiker auch die Background-Stimme. Aufgezeichnet wurde der Film in einem Pariser Club, der absolut futuristisch ausgestattet worden war. Das Video wurde ein Verkaufshit.

Tina Turner konnte sich unterdessen in Hollywood mit ihrem Stern auf dem legendären „Walk Of Fame" fotografieren lassen. Eine strahlende Tina auf dem Höhepunkt ihrer Karriere. Auch privat hatte sie Grund zum Strahlen. Sie hatte sich nämlich verliebt.

Der Auserwählte hieß Erwin Bach, war mit 30 Jahren genau 17 Jahre jünger und außerdem noch Promotion-Chef ihrer Plattenfirma. „Wir haben uns einfach über das Gerede hinweggesetzt", tat Bach diese Hinderungsgründe ab. Der Kölner erzählte später in einem BUNTE-Interview: „Es war im Spätsommer 1986. Ich wartete am Düsseldorfer Flughafen, um einen großen Star unseres Hauses abzuholen – Tina Turner. Ich schwankte zwischen Bewunderung für sie als Sängerin und ihrer Faszination als Frau. Sie war so herzlich und ungezwungen. Sie hat einen unglaublichen Charme. Wir verabredeten uns für eine Fahrt ins Blaue und redeten über Musik, schnelle Autos und über die bevorstehende Tournee, unseren Job eben. Doch dann kam Tinas 47. Geburtstag, und sie lud mich nach London in den Club Squeeze ein. Danach war alles anders – Liebe. Weihnachten verbrachten wir in den Bergen. Tina lernte Skifahren, und wir schworen, uns nie mehr zu trennen."

Im Frühjahr 1987 verbrachten Tina und Erwin noch ein paar Tage in Hinterzarten, bevor Tina zu ihrer Welttournee aufbrach. Zur Preisverleihung der Zeitschrift HOLLYWOOD, die sie zur besten Sängerin 1986 gewählt hatte, erschien sie erholt und überglücklich. Alles schien perfekt zu laufen. Und es sollte sogar noch besser kommen.

Tina Turner mit ihrem Lebensgefährten Erwin Bach.

München 1987: 50 000 Fans warten vor einer gigantischen Bühne, die wie eine Raketenrampe in einem Fantasy-Film aussieht. Überall Lichtsäulen. Riesige Videowände übertragen das Geschehen auf der Bühne in die hintersten Reihen. Kreischende Teenies, schicke Mittzwanzigerinnen, Familienväter, Hausfrauen, Lederfreaks, Porsche fahrende ältere Herren und angetrampte Rockfans warten Seite an Seite auf den Auftritt ihres Idols. Punkt 20 Uhr betritt Tina Turner die Bühne. Tosender Applaus, Geschrei – eine enthusiastische Menge. Genau zwei Stunden lang serviert Tina Turner ihrem Publikum im knallengen Ledermini und auf hochhackigen Schuhen oder im perlenbestickten Seidenkleidchen mit gewohnt strubbeliger Löwenmähne ihre Hits. Die Fans kreischen zu Private Dancer, *klatschen im Rhythmus von* I Can't Stand The Rain, *kennen den Text von* Proud Mary *auswendig, lassen bei* Let's Stay Together *die Wunderkerzen glühen und machen begeistert mit, wenn Tina ruft: „Und jetzt alle zusammen!" Das Publikum rast. Der 47jährige Rock-Vulkan bringt seine Fans in Fahrt wie kaum ein anderer Star. „Alles okay?" fragt Tina immer wieder in die Menge. Alles okay.*

Erfolgsjahre: „First Lady des Rock“

Am 4. März 1987 startete Tina ihre Welttournee im Münchner Olympiastadion, das mit rund 11 000 Besuchern ausverkauft war. Insgesamt 70 Auftritte standen allein in Europa auf ihrem Tourplan. Die Vorverkaufszahlen ergaben: Dies würde die erfolgreichste Tour der Rockgeschichte werden. Für das Mega-Ereignis waren 100 Techniker mit einer 300 Tonnen schweren Licht- und Tonanlage beschäftigt. „Auf das deutsche Publikum konnte ich mich immer verlassen. Auch während der schweren Jahren nach der Trennung von Ike und vor meinem Erfolg mit *Private Dancer* kamen in Deutschland immer Leute zu meinen Konzerten“, begründete der Star die Premiere in München. Dort versammelte sich auch die größte Zuschauermenge der gesamten Tournee, als die *Break Every Rule*-Tour zu Ende ging. Ganze acht Konzerte mit rund 120 000 Besuchern mußte Tina in München absolvieren. „Dabei dachte ich, wenn ich so kurz hintereinander in derselben Stadt auftrete, denken die Leute: ‚Nicht schon wieder die!‘“

Am Publikumsandrang änderte sich auch im weiteren Verlauf der Tournee nicht viel. „Es lief alles gut, aber ich merkte, irgend etwas stimmte mit der Reihenfolge der Songs nicht“, erinnert sich Tina. „Es war *Proud Mary*, das wir weggelassen hatten, weil ich es so viele Jahre gesungen hatte. Die Leute wollten es aber immer noch hören.“ Zu singen brauchte Tina dabei allerdings kaum noch eine Zeile, denn die Fans sangen den legendären Song fast komplett mit.

Ihr spektakulärstes Konzert erlebte Tina in der Schweiz. „Das war in Locarno“, erzählte sie. „Man sagte mir, die Bühne sei mitten in der Stadt aufgebaut worden. Ich fand das zuerst gar nicht so ungewöhnlich, doch als ich dann auf die Bühne kam, konnte ich es kaum fassen. Wir waren wirklich mitten auf einer Straße. Um uns herum waren ganz normale Wohnhäuser, und die Anwohner, teilweise Familien mit Kindern, saßen in ihren Nachthemden auf den Balkonen und sahen uns zu. Ich fühlte mich, als hätte man die ganze Stadt extra für mich abgeriegelt, und sprach öfter die Leute auf den Balkonen an als die Fans unten.

Die wurden dann natürlich sauer, denn schließlich hatten die Anwohner nichts bezahlt." Auch der Abflug aus Locarno war recht ungewöhnlich. „Wir benutzten eine normale Linienmaschine, und als wir gerade über den Bergen flogen, kam plötzlich die Stimme des Kapitäns, der sagte, er wolle unplanmäßig um das Matterhorn fliegen, denn an Bord befinde sich jemand ganz Besonderes: Tiny Turner und seine Band. Wir haben uns köstlich amüsiert. Als der Pilot allerdings ziemlich wild mit uns ums Matterhorn kreiste, verging uns das Lachen." Doch Tina nahm auch diese Episode mit Humor. Einige Zeit später ließ der Promoter ihrer Plattenfirma sogar T-Shirts mit dem Aufdruck „Tiny Turner And His Band" herstellen.

Während ihres Aufenthalts in Schweden wurde Tina krank. Sie hatte sich einen Virus eingefangen und mußte eine Woche im Bett bleiben. Das schwedische Publikum, das erst erfuhr, was passiert war, als es bereits in der Halle auf den Auftritt seines Idols wartete, trug die Nachricht mit Fassung. Man sandte Tina Dutzende von Blumensträußen und Genesungskarten, und als der Auftritt nachgeholt wurde, kamen sogar noch mehr Fans. „So etwas habe ich noch nie erlebt", staunte Tina. „In den meisten anderen Ländern würden die Fans so eine Nachricht mit Buh-Rufen quittieren."

In Irland reagierte das Publikum so entfesselt, daß Tina das Konzert einmal unterbrechen mußte, um die Fans zu ermahnen, die vorderen Reihen nicht zu zerquetschen. „Die Leute fielen reihenweise um", berichtete sie. „Ich konnte das nicht mit ansehen. Zusätzlich war es auch noch wahnsinnig heiß. Die ganze Nacht haben einige Fans anschließend vor meinem Hotel *I Can't Stand The Rain* gesungen."

Tina, die ja immerhin schon auf eine nahezu 30jährige Bühnenerfahrung zurückblicken konnte, war derart begeistert von der Tour, daß sie kurz darauf die besten Live-Mitschnitte auf der LP *Tina Live In Europe* herausbrachte. Dem Album legte sie einen enthusiastischen Dankesbrief an ihre Fans bei, der all diese Erlebnisse dokumentiert. Sie schrieb: „Normalerweise freut man sich nach so langer Zeit auf Tour wieder auf zu Hause, aber diesmal war das anders. Es war ein fantastisches Erlebnis. Der Zusammenhalt unserer Crew, die Unterstützung der Promoter und das Talent meiner wundervollen Musiker haben diese Tour für mich zu einem einmaligen Erlebnis gemacht. Ich habe sehr lange und hart für diesen Erfolg gearbeitet, und jeder Auftritt war eine Belohnung für mich. So müde ich auch oft war, die Fans haben mich immer wieder alles vergessen lassen." Runde 1, 7 Millionen Fans halfen Tina auf der *Break Every Rule*-Tour, ihre harten Jahre zu vergessen. „Für mich ist ein Traum wahr geworden", schrieb der Superstar. Ihre Live-Auftritte während der fünfmonatigen Europatour wurden von der Kritik bejubelt. „Statt die Hits möglichst plattengetreu von langweiligen Tagelöhnern abnudeln zu lassen, umgibt sich Tina Turner mit Musikern, für die live kein leeres Wort ist“, schrieb ein Kritiker nach dem Eröffnungskonzert in München. „Doch auch in diesem Klassefeld bleibt Tina souverän der Mittelpunkt des Geschehens.“

Trotz ihres randvollen Terminkalenders fand die Sängerin noch Zeit für Gastauftritte, wie zum Beispiel beim Internationalen Motorrad- und Rock-Festival auf dem Nürburgring im Juli 1987, bei dem Tina neben Joe Cocker, Udo Lindenberg und Golden Earring Stargast vor 70 000 begeisterten Fans war. Im Anschluß an das Konzert heirateten 15 Paare bei einem Motorradgottesdienst.

Auch in Tinas Tour-Crew wurde während der insgesamt einjährigen Tour ganze fünfmal geheirate. Ein Paar ließ sich übrigens auch scheiden. Die *Break Every Rule*-Tour wurde von Pepsi gesponsert, für die Tina auch einen Werbespot abdrehte. Trotzdem war das meistkonsumierte Getränk von Tina und ihrer Crew nicht die koffeinhaltige Limonade, sondern Orangensaft: fast 60 000 Liter wurden verbraucht.

Am Ende der Europatour hatte ihre Platte *Break Every Rule* alle Rekorde gebrochen: Sie rangierte in neun Ländern auf Platz eins der Charts. Glücklich über diesen Bombenerfolg, brach Tina im Januar 1988 zum Amerika-Teil ihrer Tournee auf. Gleich zu Beginn versammelte sie in Südamerika 180 000 Fans in der Maracana-Arena in Rio De Janeiro und damit das größte Publikum, das dort je ein einzelner Künstler gehabt hatte. Auch der FC Santos kann da nicht mithalten. Da Tina immer Wert darauf legte, während ihrer Aufenthalte das jeweilige Land kennenzulernen, wagte sie auch in Rio einen Stadtbummel. Dabei geriet sie in eine Gruppe einheimischer Samba-Tänzerinnen. Tina zeigte sich begeistert und machte einfach mit bei dem heißen südamerikanischen Tanz.

Im japanischen Osaka beendete TT im März 1988, genau ein Jahr nach Beginn, ihre gigantische Welttournee, die 3,5 Millionen Fans in 25 Ländern der Erde bei 230 Auftritten begeistert hatte. Als Überraschungsgast erschien Mick Jagger, mit dem Tina das inzwischen schon legendäre Duett *Honky Tonk Woman* sang. Während das Album *Tina Live In Europe* auf Platz acht der britischen und immerhin auf Platz 86 der amerikanischen Charts landete, mußten sich die Musiker der Tina-Turner-Band erst einmal ausruhen. Apropos ausruhen: Insgesamt hatte die *Break Every Rule*-Tour 2,4 Millionen Dollar an Hotelkosten verschlungen.

Rekordjahre: Der gläserne Star

Tina zog sich nach der anstrengenden Tournee mit ihrem Freund Erwin in ihr Haus in Los Angeles zurück. Im Sommer machten die beiden Urlaub auf Sardinien. „Es war herrlich. Wir charterten uns ein Boot", erzählte Erwin der BUNTEN. Währendessen erschien Tinas Biographie „Ich, Tina". „Es hat mich einfach krank gemacht, dauernd über Ike erzählen zu müssen", begründete Tina diesen Schritt. „Schließlich war ich diejenige, die immer wieder Hit-Schlagzeilen schrieb, trotzdem wurde ich dauernd auf die Zeit mit Ike angesprochen. Dies ist mein Leben. Früher war es mir eher peinlich, darüber zu reden, wie das Leben mit Ike wirklich war, und ich bin bestimmt nicht stolz darauf, meine Lebenserfahrungen vor den Leuten ausgebreitet zu haben. Aber damit ist die Vergangenheit jetzt endlich abgehakt, und ich will nicht mehr ewig mit ihr konfrontiert werden."

Auf einer Pressekonferenz in Melbourne/Australien verkündete eine sichtlich erschöpfte Tina, sie wolle in Zukunft keine Tourneen mehr machen. 30 Jahre Bühne seien Grund genug, jetzt abzutreten. Sie wolle sich, so kündigte sie an, künftig mehr der Schauspielerei widmen. Immerhin stand bald Tinas 50. Geburtstag an, und nicht zuletzt aus diesem Anlaß erwog sie über kurz oder lang, sich aus dem Musikgeschäft zurückzuziehen. „Ich habe keine Lust mehr herumzureisen", gab sie in einem Interview mit der Zeitschrift STEREOPLAY zu. „Außerdem möchte ich die Leute mit einem positiven Eindruck verlassen, anstatt später, als alte Frau, auf der Bühne nicht mehr all das bringen zu können, für das ich bekannt bin. Das Publikum kann da sehr grausam sein. Eigentlich könnte ich schon jetzt aufhören, aber für den Fall, daß ich in Zukunft doch noch eine größere Sicherheit brauche, setzte ich lieber auf den Film als auf eine neue Platte und eine Tour." Klare, kühle Pläne einer Geschäftsfrau. „Für mich ist die Musik ein Beruf, keine Berufung", gibt sie zu. „Wenn ich eine Schreibkraft wäre, würde mich auch keiner fragen, ob ich zu Hause gerne tippe." Wie so oft in Tinas Karriere kam alles anders als geplant. „Es war viel schwerer als erwartet, eine gute Rolle zu finden", gab Tina Mitte 1989 in einem Interview mit der SCHWEIZER ILLUSTRIERTEN zu. „Eigentlich hatten Roger Davies und ich beschlossen, die nächste LP erst 1990 zu veröffentlichen und erst meine Filmkarriere ins Rollen zu bringen. Doch nachdem wir bei allen Filmstudios und Produktionsfirmen in Los Angeles vorgesprochen hatten, merkten wir, daß es schwer werden würde, und beschlossen, die LP voranzutreiben."

Doch zunächst war das Energiebündel ausgepowert und ließ sich in der Öffentlichkeit nur selten sehen. Zum Beispiel bei einer Modenschau des französischen Modezaren Azzedine Alaia, dessen Modelle sie bei den Pariser Schauen über den Laufsteg trug und dabei neben ihrer 30 Jahre jüngeren Model-Konkurrenz kein bißchen alt aussah. Im März 1989 machte Tina von sich reden, als sie in der ARD in Rudi Carells neuer Show auftrat. Das Konzept des Showmasters war es, Menschen Herzenswünsche zu erfüllen. Ein Berliner Busfahrer hegte schon seit Jahren heimlich den Wunschtraum, seinem Idol Tina Turner einmal leibhaftig gegenüberzustehen. In der Carell-Show ging sein Traum schließlich in Erfüllung: Tina erklärte sich bereit, den Mann zu überraschen, und inszenierte in seinem Bus einen Auftritt speziell für den zu Tränen gerührten Fahrer. Im Januar 1989 hatte TT bereits einem weit berühmteren Bewunderer einen Gefallen getan: Sie hatte Phil Spector, der ihr und Ike Anfang der 70er Jahre mit dem Hit *River Deep, Mountain High* zum Durchbruch verholfen hatte, bei einem Dinner im Hotel Waldorf Astoria in die New Yorker Hall Of Fame eingeführt. Sie selbst sollte erst einige Jahre später in die erlauchte

Aus der folgsamen Marionette von einst ist eine kühl kalkulierende Geschäftsfrau geworden.

Gesellschaft aufgenommen werden. Die meiste Zeit verbrachte Tina aber im Aufnahmestudio, um ihre nächste Platte *Foreign Affair* einzuspielen. Im April erschien bereits die Single *The Best* als Vorgeschmack auf die LP. Kaum veröffentlicht, landete sie in den USA auf Platz 15. Für das Saxophonsolo hatte sich Tina wieder Prominenz ins Studio geholt: Edgar Winter, der Mitte der 70er Jahre als Teil des Duos Edgar & Johnny Winter populär geworden war, später 11 eigene LPs veröffentlichte und neben Gastauftritten bei Johnny Winter auch für Größen wie Dan Hartman, Meatloaf und Todd Rundgren arbeitete. In den nächsten zwei Jahren wurde dieser rockig-eingängige Titel für die unterschiedlichsten Produkte als Werbesong verwendet.

Im Juni kündigte die Rock-Legende The Who der Musikwelt ihre Wiedervereinigung an. Bei der Leinwandversion der legendären Rockoper „Tommy" hatte Tina ja in den 70er Jahren ihr Filmdebüt als Acid Queen gegeben. Für die Reunion-Tour von The Who schlüpfte sie noch einmal in dieses Kostüm und trat als Überraschungsgast auf.

In England war die Single *The Best* inzwischen auf Platz fünf der Charts geklettert. Zeit also, daß Tina ihr Album *Foreign Affair* veröffentlichte. Die LP erreichte im Nu Rang eins der britischen und Rang 31 der US-Album-Charts. Die Zusammenarbeit mit Saxophonist Edgar Winter kam übrigens nicht von ungefähr: Foreign Affair wurde nämlich von dessen Kollegen Dan Hartman produziert. Tina agierte diesmal als Koproduzentin. „Das war eine Bedingung", sagte Tina in einem Interview mit AUDIO. „Wenn ich nicht die totale Kontrolle gehabt hätte, hätte ich das Album nicht gemacht. Es ist das erste Album, das ich mit Genuß hören kann, denn meine Stimme klingt, dank der einjährigen Pause, wieder sehr gut. Ich mache jetzt immer ein Jahr Pause zwischen zwei Alben." Obwohl sie sich in den Jahren zuvor immer geweigert hatte, zu ihren Rhythm & Blues-Wurzeln zurückzukehren, war Tinas drittes erfolgreiches Soloalbum wieder mehr an diese Musik angelehnt. *Foreign Affair* wurde mit einer kompletten Band im Studio eingespielt und sollte so live wie möglich klingen. Auf die Synthie-Orgien des letzten Albums wurde diesmal weitgehend verzichtet. Dan Hartman, der ja eher aus der Dance-Pop-Richtung kommt, sollte anfangs nur ein paar Songs produzieren, doch dann klappte die Zusammenarbeit mit ihm so gut, daß Tina fast die gesamte Produktion in seine bewährten Hände legte. Hartman hatte sich als Musiker und Sänger der verschiedensten Bands verdient gemacht, unter anderem Holly Johnsons *Americanos* und *I Can Dream About You* aus dem Film „Streets On Fire" produziert, sich eine beachtliche Solokarriere aufgebaut und für die Platten *Gravity* und *Rocky IV* auch mit James Brown zusammengearbeitet. Diesen Einfluß schwarzer Beats hörte man dem Album von Tina Turner an, und das tat ihm außerordentlich gut. Dennoch gelang es, den kommerziellen Rock-Charakter von Tinas Musik zu bewahren. „Das entstand daraus, daß Dan, der es ja gewohnt ist, mit Künstlern aus dem Soul- und Rhythm & Blues-Bereich zu arbeiten, mich immer wieder in diese Ecke drängen wollte, und ich mich dagegen gewehrt habe", erzählte Tina AUDIO. „Da das Album ja erst für später geplant war, waren meine Produzenten in London beschäftigt, und wir mußten uns schnell nach jemand Neuem umsehen. Dan schickte mir diesen Song *Not Enough Romancc*, und er erinnerte mich an *What's Love Got To Do With It.* Er gefiel mir gut, und als wir uns getroffen haben, hat es sofort gefunkt. Die Zusammenarbeit war sehr gut." Dan Hartman gab der Zeitschrift SOUNDCHECK gegenüber zu: „Die Zusammenarbeit mit Tina war nicht so leicht wie mit einem unbekannten Newcomer, denn sie hatte ganz klare Vorstellungen, was die Songs und ihren Gesang anging."

Für *Foreign Affair* konnte Tina aus einer ganzen Fülle von Songs auswählen, die von den bekanntesten Songschreiber-Größen angefertigt worden waren. Innerhalb von drei Wochen hatte sie ihre Wahl getroffen.

Das rockige *Steamy Windows, You Know Who (Is Doing You Know What)*, das mit seinem braven Arrangement völlig aus dem Rahmen der typischen Tina-Turner-Songs fällt, das country-bluesige *Undercover Agent For The Blue*s und der herrlich melancholisch-melodische Titelsong *Foreign Affair* stammen aus der Feder von Tony Joe White, dessen Verleger Tina einfach zwei Songs angeboten hatte. „Tony war so aufgeregt, daß wir die beiden Songs gekauft haben, daß er gleich noch ein paar Lieder für mich schrieb", erinnerte sich Tina im Gespräch mit AUDIO. „Viel zu viele. Aber da ich ja kein Doppelalbum machen wollte, muß Tony die restlichen Songs für sein eigenes neues Album verwenden." Obwohl Whites Songs Tinas Stimme auf eine ganz neue Art umschmeichelten, waren sie doch nicht das rockig orientierte Material, das Tina auf der Bühne so gut in Szene setzen konnte. Doch auftreten wollte sie ja ohnehin nicht mehr. Und was den bloßen Hörgenuß betraf, so hatte TT mit *Foreign Affair* eindeutig einen Schritt nach vorn getan – so gepflegt-bluesig, soulig-warm und kraftvoll-reif hatte Tina Turner noch nie geklungen. Sogar ihrer Musik konnte man anhören, daß Tinas wilde Jahre vorbei waren.

Auch Altmeister Albert Hammond hatte Tina als Songschreiber für das Album gewinnen können. Er schrieb mit *Be Tender With Me Baby* eine klassische, gefühlvolle Bluesballade, mit *You Can't Stop Loving Me* und *Ask Me How I'm Feel* gelangen ihm zwei schwere, rockig-poppige Songs, und mit I *Don't Wanna Lose You* steuerte er sogar einen Hit bei. An *You Can't Stop Me Loving You* und *Be Tender With Me Baby* schrieb auch Holly Knight mit, der Tina ihren Hit *Better Be Good To Me* zu verdanken gehabt hatte. Einziges Gastspiel von Rupert Hine, der ja bei den letzten beiden Alben *Private Dancer* und *Break Every Rule* maßgebend gewesen war, ist der Song *Falling Like Rain*. Gleichzeitig ist dies eines der wenigen Stücke, die nicht von Dan Hartman produziert worden sind. Zu diesen Ausnahmen gehören auch *Foreign Affair* und *I Don't Wanna Lose You*, die beide von Tinas Manager Roger Davies produziert wurden.

I Don't Wanna Lose You erreichte in England Platz acht. *Steamy Windows* schaffte dort Rang 13 und stieg auch in die amerikanischen Top 40 ein. „Alle Leute werden denken, daß ich mit diesem Album zu meinen R&B-Wurzeln zurückgekehrt bin", mutmaßte TT in einem Interview mit HOLLYWOOD. „In Wirklichkeit halte ich das gar nicht für erstrebenswert, weil es die wirklich guten R&B-Songs meiner Meinung nach seit den alten Motown-Zeiten gar nicht mehr gibt. Das Album hat mich sehr gefordert, und ich bin wirklich sehr zufrieden damit. Natürlich würde ich gerne auch noch einmal so ein Rock'n'Roll-Album machen wie die Stones, denn wenn ich an Rock'n'Roll denke, denke ich an die Stones. Diese rauhen, ungeschliffenen Songs. Ich glaube, es ist beinahe ein Ding der Unmöglichkeit, ein Album wie Jagger und Richards oder wie Rod Stewart hinzukriegen. Ich glaube, jeder Musiker würde das gern. Aber wie gesagt, ich bin mit *Foreign Affair* zufrieden."

Obwohl Tina mit ihrem neuen Album nicht so viele Charts-Hits verbuchen konnte wie mit den beiden Vorgängern, verlangten ihre Erfolge und ihre Plattenfirma nach einer Tournee. „Okay, ich werde einige wenige Konzerte geben", gab sie nach. „Aber nur in Europa, denn da bin ich am erfolgreichsten. Da sind mir die Fans treu. Ansonsten möchte ich den Übergang zum Film so schnell wie möglich schaffen, denn auch ich werde schließlich älter, und ich finde, eine ältere Frau gehört eher auf die Leinwand als auf die Bühne. Ich will nicht Opfer meines Erfolges werden. Ich will vermeiden, daß die Leute sagen, früher – ja, da war sie auf der Bühne toll. Ich möchte nicht, daß sich der Erfolg gegen mich wendet." Das klang nicht nur nach den kühlen Überlegungen einer Geschäftsfrau. Schwang da nicht auch eine gewisse Angst vor dem Alter mit? Dagegen wehrt sich TT vehement. „Ich weiß nicht, warum jeder ständig über mein Alter spricht. Ich hasse es, wenn man mir sagt: ‚Für Ihr Alter sehen Sie fantastisch aus.' Ich schäme mich meines Alters nicht. Schließlich sehe ich noch ganz passabel aus, und ein paar Falten haben noch keiner Schönheit Abbruch getan. Es ist nur so, daß man rein aus Stilgründen nicht mehr alles machen sollte", meinte Tina und feierte ihren 50. Geburtstag stilecht mit viel Prominenz im Londoner Reform Club. Auf der Gästeliste standen unter anderem Eric Clapton, Mark Knopfler, Bryan Adams, Duran Duran und David Bowie. Von ihrem Lebensgefährten Erwin Bach bekam Tina einen Cartier-Ring, der natürlich sofort Heiratsgerüchte aufflammen ließ. „Ich halte es schon für möglich, daß wir irgendwann heiraten werden. Vielleicht bekomme ich sogar noch ein Kind. Dabei bin ich allerdings realistisch genug, den Altersunterschied im Auge zu behalten. Erwin ist zwar sehr reif, aber er ist doch 17 Jahre jünger als ich. Jetzt lassen wir erst mal zehn Jahre vergehen... Aber darüber zerbreche ich mir im Moment noch nicht den Kopf, denn unsere Beziehung ist optimal. Er ist der Mann meines Lebens, und es ist die schönste Beziehung, die ich je hatte", schwärmte Tina von ihrem Erwin. Kurze Zeit später gab sie ihre Wohnung in London auf und zog mit Erwin in ein Haus in dessen Heimatstadt Köln. „Dadurch, daß ich seinetwegen oft in Köln war, kannte ich die Stadt schon sehr gut. Ich liebe Köln. Es wohnen viele Künstler dort, und die behandeln mich wie eine ganz normale Nachbarin. Es belästigt mich niemand. Ich bin dort eine Fremde. Das brauche ich", erzählte Tina im AUDIO-Interview. „Ich führe so ein verrücktes Leben. Da tut es gut, sich verstecken zu können." Von ihrem Umzug aus dem umtriebigen London ver-

„Ich bin mein Leben lang ich selbst gewesen. Tina bleibt Tina. Im Film kann ich zur Bestie werden, zum Monster, zur Tyrannin oder zu irgendeiner Phantasiefigur."

Tina Turner

Nach ihren weltweiten Erfolgen bei den Fans wurde Tina Turner schließlich auch mit Preisen und Auszeichnungen überschüttet.

sprach sich Tina auch mehr Ruhe für ihr hektisches Leben. „Ich mag Deutschland, weil ich Regen mag", erzählte sie der SCHWEIZER ILLUSTRIERTEN. „Das klingt verrückt, denn die meisten Leute wollen es lieber immer sonnig haben. Ich finde die Sonne aufdringlich, energiegeladen und heiß. Wenn es regnet, ist alles ein bißchen ruhiger."

Aus den paar Konzerten, die Tina nach *Foreign Affair* geben wollte, wurde eine Welttournee mit 121 Auftritten, die im April 1990 begann. „Vor dem Erfolg des Albums kann ich mich nicht verstecken", gab Tina klein bei. Für das Vorprogramm heuerte ihr Management den Mainstream-Rocker Richard Marx an, für den dieses Engagement nur im ersten Moment ein Glücksfall war. Bei den Auftritten wirkte er im Vergleich zu Tina nämlich eher farblos, seine Musik ziemlich dünn. Den Anfang der Tour bildeten wie immer Tinas Europakonzerte. Sie durfte als erste Frau in der Geschichte sogar im Schloß Versailles auftreten. Vor ihr hatten dort überhaupt nur Pink Floyd ein Konzert geben dürfen. Ein besonderer Vorfall ereignete sich bei ihrem Auftritt in München. Bei einem Einbruch in der Münchner City hatte ein Gaunerpärchen außer Wertgegenständen auch zwei Tina-Turner-Karten mitgehen lassen. Beim Auftritt des Stars konnten die beiden anhand der Karten dann dingfest gemacht werden.

Früher zog sich Tina gerne in ihre Londoner Stadtwohnung (unten) zurück – inzwischen hat sie ihren Wohnsitz nach Köln verlegt.

„Auch ich werde schließlich älter, und ich finde, eine ältere Frau gehört eher auf die Leinwand als auf die Bühne. Ich will nicht Opfer meines Erfolges werden. Ich will vermeiden, daß die Leute sagen, früher – ja, da war sie auf der Bühne toll. Ich möchte nicht, daß sich der Erfolg gegen mich wendet."

Tina Turner

Mitte 1990 landete Tina mit *Look Me In The Heart* und *Be Tender With Me Baby* noch zwei Charts-Hits in England. Außerdem begann sie mit Nachwuchsstar Kylie Minogue an deren Filmdebüt in „The Delinquents" zu arbeiten, ein Streifen, der von ihrem alten Freund David Bowie produziert wurde. Bowie hatte bisher mit seinen Ausflügen ins Filmgeschäft, zum Beispiel als Schauspieler in „Absolute Beginners", nur wenig Erfolg gehabt. Auch „The Delinquents" wurde ein Flop. „Meine Filmpläne habe ich aber trotzdem nicht begraben", sagte Tina in einem Interview mit HOLLYWOOD. „Tina Turner wird garantiert irgendwann auf der Leinwand auftauchen. Zur Zeit gibt es eben keine guten Drehbücher für schwarze Frauen in Amerika. Wäre ich ein schwarzer Mann, stünde ich bestimmt längst vor der Kamera."

Im November 1990 beendete Tina Turner ihre Welttour in Rotterdam und verkündete, dies sei nun endgültig ihr Abgang von der Bühne. Wieder hatten mehr als drei Millionen Fans in fünf Kontinenten Tinas spektakuläre Auftritte bewundert. Kaum zurück, spielte Tina zusammen mit Rod Stewart für einen Pepsi-Werbespot ein Remake des Motown-Klassikers *It Takes Two* ein, das aus der Feder von Marvin Gaye und Tammi Terell stammte. Der Song stieg auf Platz fünf der britischen Charts ein und beendete das Jahr '90 für Tina erfreulich erfolgreich. Die Platinauszeichnung für mehr als eine Million verkaufter Exemplare von *Foreign Affair* wurde ihr von Oskar Lafontaine überreicht, der ihr den Preis mit den Worten: „She's simply the best" in die Hand drückte.

Inzwischen hat sich die Pop-Diva zum etablierten Topstar gemausert. Vergessen, daß Ike & Tina Turner eigentlich gar keinen richtigen Hit vorzuweisen hatten, vergessen die Jahre nach der Trennung von Ike, in denen die Turner seelisch, finanziell und karrieremäßig am Ende gewesen war, vergessen, daß TT eigentlich erst seit drei Jahren wieder zu den Stars des Rockbusineß gehört. Tina Turner, so die Kritiker einhellig, ist einer der letzten großen Weltstars, die diese Branche zu bieten hat. Man hat Tina oft nach ihrem Erfolgsrezept für ihre erstaunliche Karriere gefragt. Künstler, mit denen der Star zusammengearbeitet hat, haben behauptet, es sei ihre unglaubliche innere Ruhe. Und die, so erklärt Tina immer wieder, schöpft sie aus ihrem Glauben. Nach der Trennung von Ike trat die Sängerin, die als Baptistin getauft wurde, zum buddhistischen Glauben über. Diese Religion lehrt, daß das Leben jedes Menschen von der Geburt an vorbestimmt ist. Ganz im Gegensatz zu anderen Religionen wie dem Christentum oder dem Baptismus, wo der Mensch sich an Gebote und Moralvorstellungen zu halten hat, um in den Himmel zu kommen, operiert der Buddhismus nicht mit der Angst als Glaubensfaktor, sondern lehrt, daß ein Mensch sowieso nichts an seinem Schicksal ändern kann und sein Leben nur so gut wie möglich leben sollte, damit sich sein Schicksal erfüllt. Außerdem glauben Buddhisten an die Wiedergeburt. „Als Baptistin habe ich mich immer gefragt, womit ich so viel Unglück verdient habe", erzählt Tina über ihre Bekehrung. „Erst als ich Buddhistin wurde, habe ich kapiert, daß ich alles Unglück in meinem Leben selbst verschuldet habe. Solange man nur dasitzt und tut, was andere von einem erwarten, wird man nie glücklich." Tina lernte, zu verzeihen und ihr Leben selbst in die Hand zu nehmen. „Seitdem ich mir sage, daß es eben Bestimmung ist, daß ich für alles härter arbeiten muß als andere Leute, nehme ich alles leichter. Alle Unannehmlichkeiten stören mich nicht mehr", erklärt sie. „Ich verrichte mehrmals täglich eine Andacht vor meinem Altar, und wenn ich diese Liturgien singe, fällt alle Frustration von mir ab. Ich habe gelernt, was immer auch passieren mag, es hat auch eine positive Seite. Für mich heißt die Regel: Was du tust, kommt auf dich zurück. Denk über dein Leben nach, und du wirst einen Weg finden." So konnte Tina aus ihrem hektischen Leben, das keine festen Regeln und Regelmäßigkeiten hatte, flüchten und innere Ruhe und Ausgeglichenheit finden. Sie ist auch überzeugt, daß diese Fähigkeit sie vor dem Absturz in Drogen, Alkohol oder andere Abhängigkeiten, denen so viele ihrer Kollegen verfallen, bewahrt hat. „Vor allem als Künstler muß man eine Art Bewußtseinskontrolle über sich haben", glaubt Tina. „Wenn man eine Show gemacht hat, kann man das nicht so einfach hinter sich lassen. Es ist das Wichtigste für einen Entertainer, daß er nach jedem Auftritt wieder zu der Persönlichkeit zurückfindet, als die er geboren wurde. Man sollte nach Hause gehen und versuchen, das alles hinter sich zu lassen. Es sind zwei Welten, die man genau trennen muß. Wenn man das nicht mehr kann, wird es gefährlich. In unserem Beruf darf man nie den Bezug zur Realität verlieren. Vielen jungen Künstlern passiert das leicht. Wenn das Make-up runter ist, die Kostüme abgelegt sind und ich unter der Dusche gestanden habe, dann finde ich wieder zu mir selbst."

Diese Trennung ist auch maßgeblich für Tinas ganz eigenes Image verantwortlich, denn ihre breite Popularität ist nicht zuletzt darauf zurückzuführen, daß sich die Sängerin nie vor der Öffentlichkeit versteckt hat. Bereitwillig hat Tina Turner wieder und wieder die Fragen zu ihrer Vergangenheit beantwortet, hat bereitwillig alle Details ihrer Horrorbeziehung zu Ike ausgebreitet, ohne dabei je aus der Rolle zu fallen. TT ist eine Art gläserner Star. Ihr Leben hat keine verborgenen, ängstlich zurückgehaltenen Seiten. In ihrer Biographie „Ich, Tina" wird zum Beispiel so viel schmutzige Wäsche gewaschen, daß böse Zungen auch von einem abgekarteten Promotion-Spiel sprechen. Natürlich ist die Geschichte der Baumwollpflückerin, die Karriere machen will und dann in die Fänge eines skrupellosen Fieslings gerät, um sich schließlich aus eigener Kraft wieder aufzurappeln, sehr medienwirksam. Mit ihrer freimütigen Schilderung hat sich die Rocklady jedoch auch selbst vom Sockel des unerreichbaren Weltstars mitten hinein in die Menge ihrer Fans begeben. Und das schwitzt TT bei ihren Auftritten aus jeder Pore ihres Körpers, der für die Fans auf der Bühne ebenfalls alles gibt. So ist der anhaltende Erfolg des Medienstars Tina Turner leicht zu erklären: Tina spricht sie alle an, die jungen Frauen, die in ihr keine unerreichbar schöne Konkurrenz sehen, sondern eine Frau, die es durch Mut und Persönlichkeit zu etwas gebracht hat und obendrein noch weiß, wie man das Beste aus seinem Typ macht; die älteren Frauen, die in Tina ein gleißendes, trotzdem menschliches Vorbild für jugendliche Frische und Schönheit sehen; und natürlich die Männer, auf die Tinas natürliche Erotik nicht abschreckend, sondern angenehm warm wirkt. „Das Publikum sagt sich, das ist eine von uns", meint Tina nachdenklich. „Meine Biographie spricht jeden an, denn ich mußte eine Menge durchmachen, worin sich viele wiederfinden."

„Ich habe gelernt, was immer auch passieren mag, es hat auch eine positive Seite. Für mich heißt die Regel: Was du tust, kommt auf dich zurück. Denk über dein Leben nach, und du wirst einen Weg finden."

Tina Turner

Und wie wird Anna Mae Bullock mit der psychischen Seite des Ike-Dilemmas und dem Ausgeschlachtetwerden fertig? Das geschieht hinter geschlossenen Türen. Aber irgendwann möchte sie gern an andere weitergeben, was sie gelernt hat. „Ich denke, ich habe eine gute Möglichkeit dazu, weil mich viele kennen. Später werde ich vielleicht mal Buddhismus lehren."

München, 1990: 50 000 Besucher stehen im strömenden Regen im Münchner Olympiastadion. Für ihre Eintrittskarte zu diesem Rock-Spektakel der Superklasse haben sie ganz schön tief in die Tasche greifen müssen. Aber schließlich tritt die Hauptperson dieses ganzen Rummels, die Frau der tausend Rekorde, Tina Turner, jetzt endgültig zum letzten Mal auf. Mehr als sechs Millionen Menschen haben ihre letzten beiden Tourneen besucht, da möchte man dazugehören, denn Tina Turner ist ein Stück Musikgeschichte. Und dann endlich tritt die große 51jährige Diva des Rock auf die Bühne. Nichts hat sich geändert. Tina ist immer noch die alte: kurzes Miniröckchen, Netzstrumpfhose, hochhackige Schuhe, wilde Löwenmähne. Schon die ersten paar Takte von I Can't Stand The Rain *bringen das Publikum zum Ausrasten. Gekreische, Gejohle, „Tina, Tina"-Sprechchöre allenthalben. Der Sponsor der Tour nutzt die Stimmung aus, um eiligst auf den überall aufgestellten Videoschirmen sein Markenprodukt, braune Limonade, einzublenden. Seit sechs Tagen sind Pyrotechniker, Gerüstbauer, die Stromversorgung der Stadt, Ordnungshüter, Konzertveranstalter, Crew und Band bereits im Einsatz, um das Konzert für die Fans unvergeßlich zu machen. Und der Aufwand hat sich gelohnt. Bei Tinas Show stimmt alles. Jeder Lichteffekt kommt perfekt abgestimmt zum richtigen Ton, keinen Effekt gibt es zweimal. Tina singt all ihre Hits. Zum tausendsten Mal röhrt sie* Nutbush City Limits, Proud Mary *und* River Deep, Mountain High, *erinnert mit* Private Dancer *und* What's Love Got To Do With It *an ihre Lebensgeschichte und an ihr fantastisches Comeback vor sechs Jahren,* Steamy Windows *und* Foreign Affair *folgen. Bei* The Best *treten den Fans die Tränen in die Augen. Ja, Tina ist die Beste! Tosender Applaus, Tränen und Geschrei begleiten Tinas Abgang von der Bühne, die sie über eine hydraulische Treppe verläßt, während ein gigantisches Feuerwerk den Himmel erhellt.*

Noch viele Jahre: Tina, das Phänomen

„Man wird nur dann alt, wenn man sich ständig Gedanken darüber macht", gibt Tina in einem DAILY-MAIL-Interview ihr Erfolgsrezept preis. TT hat gut reden, denn sie scheint buchstäblich nie zu altern. Mittlerweile ist der Star 53 Jahre alt, aber nicht nur ihr Körper, sondern auch ihre Energie lassen sie um die Hälfte jünger wirken. Tina sieht heute sogar besser aus als je zuvor, darin sind sich Musikkritiker und eifrige Beobachter ihres Alterungsprozesses einig. Auftreten will die wilde Lady von einst allerdings wirklich nicht mehr. „Ich werde natürlich einzelne Konzerte geben oder bei Wohltätigkeitsveranstaltungen auftreten, aber eine Tour? Nein, das ist vorbei", sagt sie. Viele werden den legendären Live-Jahren ihres Stars nachtrauern, doch auf die Musik von TT muß ja schließlich niemand verzichten. Denn im Studio ist die Turner aktiv wie eh und je.

Nicht nur nostalgisch-wehmütig wird Tina an ihre Vergangenheit erinnert. Eher schmerzlich sind die Erinnerungen, die in der vierfachen Mutter wach werden dürften, wenn sie die Schlagzeilen über die Kokainsünden ihres ältesten Sohnes Ike junior liest. Der tritt nämlich ziemlich heftig in die Fußstapfen seines Vaters. Freunde erzählen, der erfolglose Musiker und Produzent verkaufe alles, was er besitze, für Crack oder Koks und habe jüngst sogar seine Freundin auf den Strich geschickt. Tina, die den Jungen aus Ikes erster Ehe großgezogen hat, ist entsetzt und versucht verzweifelt, Kontakt mit dem Gestrandeten aufzunehmen. Doch der weigert sich strikt. Den Erfolg seiner Stiefmutter hat der inzwischen 24jährige ihr nämlich nie verziehen. Daß sie seinen Vater, sein Vorbild, verlassen hat, machte dem Jungen schon immer schwer zu schaffen. Bereits während seiner Teenie-Zeit, als Tina sich gerade von Ike getrennt hatte und versuchte, sich irgendwie mit den Kindern durchzuschlagen, fiel er durch seine Kokainsucht auf. Tina brachte ihn zwar dazu, seine Abhängigkeit durch eine Therapie in den Griff zu bekommen, doch mit ihrem Erfolg und ihrer ständigen Abwesenheit von zu Hause, stellte sich auch Ikes Drogensucht wieder ein. Tina versuchte immer wieder von ihrem Wohnort Köln aus, den Jungen ausfindig zu machen, doch der scheint wie vom Erdboden verschluckt. Mit seinen Eskapaden sorgt Ike jr. dafür, daß die Erinnerungen an die Prügeljahre, die sie – damals gerade so alt wie ihr Sorgenkind heute – mit dessen Vater durchgemacht hat, wach bleiben. Damit muß die Sängerin fertig werden, auch wenn sie immer beteuert: „Ich lebe jetzt, und das damals war ein anderes Leben."

Aber: The Show Must Go On. Ihre ganz privaten, seelischen Probleme hat Tina – trotz aller Offenheit – immer verstanden vor der Öffentlichkeit zurückzuhalten. So auch diesmal. Anfang 1991 erschien ihr erstes Best-Of-Album *Simply The Best*. Die meisten Pop- und Rockstars veröffentlichen, um in einer längeren Pause zwischen zwei Alben nicht in Vergessenheit zu geraten, sehr früh und sehr oft Best-Of-Platten. Tina hatte in all den Jahren noch kein Album mit ihren größten Hits herausgegeben, und der Zeitpunkt schien jetzt, nachdem sie beschlossen und verkündet hatte, nie mehr auf Tour zu gehen sehr günstig. Und gab es einen besseren Titel als den ihres Erfolgs-Hit *The Best*?

Mit dem Erfolg dieses Albums im Rücken, stürzte sich Tina sofort wieder in die Arbeit an ihrer neuen LP. Die Musikindustrie macht sich unterdessen daran, den Mythos Tina Turner unsterblich zu machen: Die Produzenten der Walt Disney Productions planen einen Film über Tinas Leben. Schließlich bietet TTs aufreibende Karriere mehr als genug Stoff für einen Film, und die Geschichte ihrer Stehauf-Mentalität, die gleichzeitig die Geschichte des amerikanischen Traums ist, wird gewiß ein Mega-Erfolg werden. Natürlich bot man TT an, sich im Film selbst zu spielen. „O Gott, nein!" lehnte sie ab. „Ich habe diese Rolle in der Realität lange genug gespielt und würde viele Dinge nie wieder machen." Also machten sich die Filmemacher auf die Suche nach der Ideal-Besetzung. „Es soll jemand sein, der gut schauspielern kann, aber noch nicht bekannt ist, denn Tinas Charakter soll ja nicht verfälscht werden", sagte die Sängerin. Bald tauchten die ersten Gerüchte über die Besetzung der Hauptrolle in dem Film um Tinas aufregende Lebensgeschichte auf. Whitney Houston, so hieß es, solle den Part übernehmen. „Alles Quatsch!" stritt Tina im DAILY MIRROR 1992 ab. „Wir suchen noch. Man hat mir zugesagt, daß ich bei der Auswahl der Schauspielerin das letzte Wort habe." Der Regisseur hingegen ist bereits gefunden. Shooting-Star Mario Van Peebles, der 1991 mit seinem Anti-Drogen-Film „New Jack City" Furore gemacht hatte, soll TTs Leben verfilmen. „In vieler Hinsicht war dieser Film ein Duplikat des

Lebens, das ich mit Ike führte. Die Hauptperson, dieser Gangster, der sich immer mit einer Heerschar Bewunderer umgibt, die er Freunde nennt, das war Ike", sagte Tina in einem Interview mit VOX 1992. „Als ich den Film gesehen hatte, war ich sehr aufgewühlt, denn ich hatte das Gefühl, in einen Spiegel zu schauen. Genau so war das Leben mit Ike, nur in einer anderen Szene – dem Musikgeschäft. Irgendwie hatte ich das Gefühl, daß Mario Van Peebles dieses Zwischending aus schönen Stunden und schrecklichen Zeiten, das mein Leben damals war, am realistischsten verfilmen würde." Inzwischen munkelt man in Hollywood, daß Tina sich in dem Film nun doch selbst spielen soll. Schließlich strebt die Rock-Diva eine Filmkarriere an, und da das geeignete Drehbuch noch immer nicht vorliegt, hofft sie, hier ihre Talente beweisen zu können. „Vielleicht haben die alle Angst vor meinem Image", sagte Tina zu *VOX*. „Es scheint keinen Regisseur zu geben, der meine Energie will, mein Image – mich!"

„Die meisten meiner Träume sind wahr geworden – ich bin froh, daß ich nie aufgehört habe, sie zu verfolgen."

Tina Turner

Findige Verleger haben Tina inzwischen zum Comicstar gemacht. Als Zeichentrick-Vamp wird sie in Zukunft dem amerikanischen Superhelden Garth, der seit 1953 Comicfans mit seinen Abenteuern begeistert, zur Seite stehen. „Garth ist ein Idol", schwärmt die Turner. „Ich bin stolz darauf, an seiner Seite zu stehen. Das bedeutet mir mehr als ein Titelbild in der VOGUE. Außerdem liebe ich Comics, Abenteuer und Sciencefiction." Auch die Musikszene setzte der lebenden Legende Tina Turner im Januar 1991 ein Denkmal. Und wie so oft wird die First Lady des Rock ihre Vergangenheit auch dabei nicht ganz los: Das Denkmal steht, neben den Berühmtheiten aus der Film- und Musikbranche, in der New Yorker Hall Of Fame und gilt – Ike & Tina Turner.

Diskographie, Teil 1: Ike & Tina Turner ...

Good Old Times

Let's Get It On/ Mr. Right/ Bootsie Whitelaw/ Oh My My/ Games People Play/ So Fine/ Something/ Soul Deep/ You Gotta Work It/ I Can't Believe What You Say/ Stormy Weather/ The Night Time Is The Right Time/ It's Gonna Work Out Fine/ Proud Mary/ Endlessly.

The Great Rhythm & Blues Sessions

Rock Me Baby/ Too Hot To Hold/ Betcha Can't Kiss Me/ Make 'Em Wait/ Ain't Nobody's Business/ Funky Mule/ I Smell Trouble/ Crazy 'Bout You Baby/ It Sho Ain't Me/ Beauty Is Only Skin Deep/ Poor Little Fool/ I'm Fed Up/ You Got What You Wanted.

Proud Mary (The Best Of)

A Fool In Love/ I Idolize You/ I'm Jealous/ It's Gonna Work Out Fine/ Poor Fool/ Tra La La La La/ You Shouldn't Treated Me Right/ Come Together/ Honky Tonk Woman/ I Want To Take You Higher/ Workin' Together/ Proud Mary/ Funkier Than A Mosquita's Tweeter/ Ooh Poo Pah

Wieviele Alben während der 16jährigen Karriere von Ike & Tina Turner tatsächlich erschienen sind, darüber streiten sich sogar die Experten. Der Fanclub Tina Turner Syndicate unter der Leitung von Volker Fuchs versucht zum Beispiel schon seit einigen Jahren eine komplette Liste der Alben zu erstellen. Doch das Dokumentieren erweist sich als aufreibende Schnipselarbeit. Ike Turner hat damals so oft das Label gewechselt, daß häufig identische Platten mit verschiedenen Titeln zweimal erschienen. Außerdem sind viele LPs in verschiedenen Ländern mit unterschiedlichen Titeln und zu anderen Zeiten erschienen. Deshalb hier nur einige der bekanntesten Alben von Ike & Tina Turner:

1964: Ike & Tina Turner Revue Live
1965: Live Ike & Tina Turner Show
1967: River Deep, Mountain High
1969: Outta Season
1969: In Person
1969: Fantastic Ike & Tina Turner
1969: So Fine
1970: Her Man – His Woman
1970: Come Together
1970: Workin' Together
1971: Live In Paris
1971: Live At Carnegie Hall
1971: Nuff Said
1972: Let Me Touch Your Hand
1972: Feel Good
1973: Greatest Hits 1973: The World Of Ike & Tina Turner
1973: The Best Of ...
1974: Soulin' Deep Soulin' High
1974: Let's Dance With Ike & Tina Turner
1974: Fantastic Ike & Tina Turner
1974: The Gospel According To Ike & Tina Turner
1974: Nutbush City Limits
1974: Sweet Rhode Island Red
1974: Get It Together
1974: Cussin', Cryin' & Carryin' On
1977: Delilahs Power
1978: Airwaves
1983: The Soul Of Ike & Tina Turner
1983: It's Gonna Work Out Fine
1983: Dynamite
1985: Get Back
1986: Golden Empire
1986: Ike & Tina Turner Show Vol. 2
1987: The Ike & Tina Turner Sessions
1987: The Best Of Ike & Tina Turner

Doo/ I'm Yours/ Up In Heah/ River Deep, Mountain High/ Nutbush City Limits/ Sweet Rhode Island Red/ Sexy Ida – Part 1 & 2/ Baby – Get It On/ Acid Queen.

Proud Mary

Proud Mary/ Knock On Wood/ Get Back/ Ode To Billy Joe/ Shame, Shame, Shame/ Ya Ya/ Something's Got A Hold On Me/ The Locomotion/ When I Lost My Baby/ Louie Louie/ Lean On Me/ Ain't That A Shame/ Stagger Lee/ That's The City.

Soul Session

What You See/ Shake/ Down In The Valley/ Ya Ya/ The Loco Motion/ Proud Mary/ I Know/ Shame, Shame, Shame/ Something's Got A Hold On Me/ Baby Get It On/ Louie Louie/ Only Women Bleed/ Ain't That A Shame/ Feel It – Aka Don't Fight It/ Knock On Wood/ Get Back/ Tweedle Dee/ Stagger Lee/ It's Gonna Work Out Fine/ Drift Away.

18 Super Hits

Too Hot To Hold/ Make 'Em Wait/ Freedom Sound/ Ain't Nobody's Business/ Funky Mule/ Cussin', Cryin' & Carryin' On/ Poor Little Fool/ So Blue Over You/ Thinking Black/ Nothing You Can Do/ I'm Fed Up/ You Got What You Wanted/ Betcha Can't Kiss Me/ Black Beauty/ Beauty Is Just Skin Deep/ I Better Get Ta Steppin'/ We Need An Understanding/ It Sho Ain't Me.

Those Were The Days

Sugar Sugar/ Never Been To Spain/ Too Much For One Woman/ Stormy Weather/ Into It/ Trying To Find My Mind/ I Want To Take You Higher/ A Fool In Love/ I Idolize You/ Poor Fool/ Lay It Down/ Freedom To Stay/ Loving Him Was Easier/ Rescue Me/ Father Alone/ What A Friend/ When The Saints Go Marching In/ Near The Cross/ Nutbush City Limits.

Tina's Prayer

Tina's Prayer/ Bootsie Whitelaw/ Rockin' And Rollin'/ Never Been To Spain/ Mississippi Rolling Stone/ I Know/ Sugar Sugar/ I'm Looking For My Mind/ Living For The City/ Shake A Hand/ Too Much Man For One Woman/ I Smell Trouble/ Crazy 'Bout You Baby/ Please Love Me/ Rock Me Baby/ My Babe/ You're Up To Something/ Push / Raise Your Hand/ If You Want It/ You're Still My Baby/ Let's Get It On/ Golden Empire.

Ike & Tina Turner

Goodbye, So Long/ If I Can't Be The First/ Am I A Fool In Love/ I Wish My Dreams Would Come True/ Hard Times/ Hurt Is All You Gave Me/ It's Crazy Baby/ Gonna Have Fun/ Chicken Shack/ I Don't Need/ Don't You Blame It On Me/ Something Came Over Me/ Sugar, Sugar/ I'm Looking For My Mind/ Shake A Hand/ Let's Get It On.

Twice As Much/ All In One

Nutbush City Limits/ Higher Ground/ Drift Away/ I Want To Take You Higher/ Never Been To Spain/ Get Back/ Sexy Ida – Part 1/ With A Little Help From My Friends/ Whole Lotta Love/ Proud Mary/ You've Got Too Many Ties That Bind/ Delilah's Power/ You Are My Sunshine/ Living For The City/ Sugar Sugar/ Help Me Make It Through The Night/ Mississippi Rolling Stone/ Come Together/ Sexy Ida – Part 2/ River Deep, Mountain High/ Let Me Be There/ Sugar Hill/ Honky Tonk Woman/ Fancy Annie/ Stormy Weather/ Trying To Find My Mind/ Baby – Get It On/ A Love Like Yours/ She Came In Through The Bathroom Window/ I Wish It Would Rain/ Games People Play/ Sweet Rhode Island Red/ Doozie/ Club Manhattan/ Too Many Women/ Pick Me Up/ I've Been Loving You Too Long – Live Version.

Diskographie, Teil 2: Tina Turner ...

1975: Acid Queen

Under My Thumb/ Let's Spend The Night Together/ Acid Queen/ I Can See For Miles/ Whole Lotta Love/ Baby, Get It On/ Bootsey Whitelaw/ Pick Me Tonight/ Rockin' And Rollin'.

1978: Rough

Fruits Of The Night/ The Bitch Is Back/ The Woman I Supposed To Be/ Viva La Money/ Funny How Time Slips Away/ Earthquake & Hurricane/ Root, Toot Undisputable Rock'n'Roller/ Fire Down Below/ Sometimes When We Touch/ A Woman In A Man's World/ Night Time Is The Right Time.

1979: Love Explosion

Love Explosion/ Fool For Your Love/ Sunset On Sunset/ Music Keeps Me Dancin'/ I See Home/ Backstabbers/ Just A Little Lovin'/ You Got What I'm Gonna Get/ On The Radio.

1984: Private Dancer

I Might Have Been Queen/ What's Love Got To Do With It/ Show Some Respect/ I Can't Stand The Rain/

Private Dancer/ Let's Stay Together/ Better Be Good To Me/ Steel Claw/ Help/ 1984.

1986: Break Every Rule

Typical Male/ What You Get Is What You See/ Two People/ Till The Right Man Comes Along/ Afterglow/ Girls/ Back Where You Started/ Break Every Rule/ Overnight Sensation/ Paradise Is Here/ I'll Be Thunder.

1988: Tina Live In Europe

What You Get Is What You See/ Break Every Rule/ I Can't Stand The Rain/ Two People/ Typical Male/ Better Be Good To Me/ Addicted To Love/ Private Dancer/ We Don't Need Another Hero/ What's Love Got To Do With It/ Let's Stay Together/ Show Some Respect/ Land Of 1000 Dances/ In The Midnight Hour/ Six Three Four – Five Seven Eight Nine/ A Change Is Gonna Come/ Tearing Us Apart/ Proud Mary/ Help/ Tonight/ Let's Dance/ It's Only Love/ Nutbush City Limits/ Paradise Is Here.

1989: Foreign Affair

Steamy Windows/ The Best/ You Know Who (Is Doing You Know That)/ Undercover Agent For The Blues/ Look Me In The Heart/ Be Tender With Me Baby/ You Can't Stop Me Loving You/ Ask Me How I Feel/ Falling Like Rain/ I Don't Wanna Lose You/ Not Enough Romance/ Foreign Affair.

1991: Simply The Best

The Best/ What's Love Got To Do With It/ I Can't Stand The Rain/ I Don't Wanna Lose You/ Nutbush City Limits/ Let's Stay Together/ Private Dancer/ We Don't Need Another Hero/ Better Be Good To Me/ River Deep, Mountain High/ Steamy Windows/ Typical Male/ It Takes Two/ Addicted To Love/ Be Tender With Me Baby/ I Want You Near Me/ Way Of The World/ Love Thing.

... solo

Tina-Turner-Sampler auf CD:

1974: Tina Turns The Country On

Bayou Song/ Help Me Make It Through The Night/ Tonight I'll Be Staying Here With You/ If You Love Me (Let Me Know)/ He Belongs To Me/ Don't Talk Now/ Long Long Time/ I'm Moving On/ There'll Always Be Music/ The Love That Lights Our Way.

1986: Stand By Your Man

Lay It Down/ Good Hearted Woman/ If This Is Our Last Time/ Stand By Your Man/ If It's Alright With You/ Freedom To Stay/ We Had It All/ Soul Deep/ Lovin' Him Was Easier/ You Ain't Woman Enough To Take My Man/ Raise Your Hand/ Golden Empire.

1987: So Fine

Stand By Your Man/ Am I A Fool In Love/ Chicken Shack/ If This Is Our Last Time/ Don't You Blame It On Me/ Freedom To Stay/ Hard Times/ We Had It All/ I Wish My Dreams Would Come True/ Hurt Is All You Gave Me/ Gonna Have Fun/ If I Can't Be First/ Soul Deep/ If It's Alright With You/ It's Crazy Baby/ Lovin' Him Was Easier/ Lay It Down/ You Ain't Woman Enough To Take My Man/ I Don't Need/ So Fine/ It Sho Ain't Me/ I Better Get Ta Steppin'/ You're So Fine/ We Need An Understanding.